Hölzel
Sicher Reiten

Petra und Wolfgang Hölzel

Sicher Reiten

Unfallfrei in Stall, Reitbahn und Gelände

Franckh-Kosmos

Mit 71 Zeichnungen von Gisela Holstein (70) und aus dem Archiv (1)

Umschlaggestaltung von Kaselow Design, München, unter Verwendung einer Aufnahme von Dr. Wolfgang Hölzel

CIP-Titelaufnahme der Deutschen Bibliothek

Hölzel, Petra:
Sicher reiten : unfallfrei in Stall, Reitbahn und Gelände / Petra u. Wolfgang Hölzel. [Mit 71 Zeichn. von Gisela Holstein]. – 2. Aufl. – Stuttgart : Franckh-Kosmos, 1990
1. Aufl. u. d. T.: Hölzel, Petra: Reiten ohne Risiko
ISBN 3-440-06181-7
NE: Hölzel, Wolfgang

2. Auflage
(Die 1. Auflage erschien 1984 unter dem Titel „Reiten ohne Risiko")
Franckh-Kosmos Verlags-GmbH & Co., Stuttgart/1990

Printed in Germany/Imprimé en Allemagne
LH 14 rr/ISBN 3-440-06181-7
Herstellung: Brönner & Daentler KG, Eichstätt

Sicher Reiten

Vorwort

Bedauerlicherweise ist der Reitsport in den letzten Jahren in Verruf geraten: Aufgrund schwerer und schwerster Unfälle gilt er als eine der gefährlichsten Sportarten. Wie die weitaus meisten dieser Unfälle durch Sachkenntnis und richtiges Verhalten vermieden werden können, ist Thema des vorliegenden Buches. Es wendet sich an alle, die reiten oder mit Pferden zu tun haben. Dabei soll nicht verschwiegen werden, daß praktische Erfahrung nicht durch die Lektüre eines Buches ersetzt werden kann. Deshalb befaßt sich ein umfangreiches Kapitel mit der Grundausbildung des Reiters. Das Ziel des Buches wäre erreicht, wenn es dazu beitragen könnte, das sogenannte „Tierrisiko" – das meist vom Menschen herausgefordert wird – auf ein Minimum herabzusetzen.

Unser Dank gilt Frau Gisela Holstein für ihre bewährten Zeichnungen und Frau Friederike Specht, der Verlagslektorin, für die sachkundige und verständnisvolle Zusammenarbeit. Herrn H. D. Donner (Referent für Ausbildung bei der Deutschen Reiterlichen Vereinigung – FN –) danken wir herzlich für seine fruchtbare Kritik und seine wertvollen Anregungen nach der Durchsicht des Manuskripts.

Petra und Wolfgang Hölzel

Einführung

„Dieser Sport ist Mord“ – mit dieser in Riesenlettern gedruckten Schlagzeile überschrieb eine große deutsche Illustrierte ihren, von erschütternden Fotos begleiteten, Artikel über die Military-Weltmeisterschaft 1982 in Luhmühlen, bei der ein Schweizer tödlich verunglückte.
So tragisch solche Unfälle sind, sie gehören im Hochleistungssport, und das gilt auch für das Vielseitigkeitsreiten, zu den traurigen Ausnahmen. Das Risiko ist weit geringer, als es derartige Berichte glauben machen: Schließlich gehen hier nur routinierte Reiter mit gut ausgebildeten und trainierten Pferden an den Start. Auch für die Gestaltung der Strecke und den Aufbau der Hindernisse sind erfahrene, verantwortungsbewußte Fachleute zuständig.
Dramatischer sieht dagegen die Situation im Breitensport aus, wo schwere Unfälle zwar meist keine spektakulären Schlagzeilen machen, dafür aber dicke Gerichtsakten füllen und vor allem Unglück über viele Menschen bringen, deren Namen der Öffentlichkeit unbekannt bleiben. Der Familienvater, der beim Sonntagsausritt zu Tode stürzt, die junge Frau, die durch einen Sturz für ihr Leben querschnittgelähmt ist, sind nur zwei Beispiele für Reitunfälle, wie sie immer wieder und viel zu häufig passieren.
Nicht nur Fachzeitschriften beschäftigen sich in letzter Zeit mit der alarmierenden Anzahl und Schwere von Reitunfällen, auch die breite Öffentlichkeit wurde inzwischen über die Gefährlichkeit des Reitsports ins Bild gesetzt. So erschienen Anfang Oktober 1982 in der Tagespresse Berichte unter Schlagzeilen wie „Reitsport hat seine Gefahren“ oder „Jeder vierte Sporttote ein Reiter.“ Diese Pressemeldungen, die zum Teil sogar auf der Titelseite gebracht wurden, gehen auf eine sehr gründliche Untersuchung in der Zeitschrift „Das Sichere Haus“ (Heft 2, Juni 1982, S. 9 ff.) zurück. Die Autorin, Beate Sander, wertet hier über 5500 Sportverletzungen aus, die in der Orthopädischen Universitätsklinik Heidelberg behandelt wurden. Sie bezeichnet den Reitsport als eine „besonders unfallträchtige Sportart“: „Zahlreiche Reitunfälle durch Sturz oder Hufschlag enden tragisch. Etwa 25 % aller tödlich verlaufenden Sportunfälle ereignen sich zu Pferde. Auch Querschnittslähmungen sowie schwere Schädelverletzungen kommen hier relativ häufig vor.

Bedenklich stimmt die Tatsache, daß beim Reiten im Gegensatz zu etlichen anderen Sportarten die Unfallquoten weiter ansteigen."
Bedenklich muß auch die Information stimmen, daß rund zwei Drittel aller Unfälle zu Pferde vom Reiter bzw. vom Reitlehrer verschuldet wurden, also vermeidbar gewesen wären. Mit Recht wird eine gute, qualifizierte Ausbildung als Grundlage für mehr Sicherheit beim Reiten genannt.
Wenn in einem Einzugsgebiet von 35 Reitställen „über ein Drittel aller Unfälle auf 3 Reitställe entfielen", so spricht dies eine beredte, wenig schmeichelhafte Sprache über die Qualität der gemeinten Betriebe. Vor allem den Hauptverantwortlichen, den Reitlehrern und Reitstallbesitzern, muß eine solche Feststellung ernsthaft zu denken geben.
Aber auch die Reiter selbst sollten sich ihrer Verantwortung bewußt sein, indem sie durch sportgerechtes Verhalten zu ihrer eigenen wie der Sicherheit anderer beitragen. Erfahrene Reiter sollten sich moralisch verpflichtet fühlen einzugreifen, wenn ihre Mitreiter, sei es aufgrund von Unkenntnis oder Leichtsinn, durch ihr Fehlverhalten Gefahren heraufbeschwören.
Die Reiterei, die soviel Freude machen kann, muß keineswegs so gefährlich – oder gar mörderisch – sein, wie es die obengenannten Untersuchungen leider nachweisen.
Dieses Buch möchte den Reiter, aber auch den Reitlehrer und den Reitstallbesitzer, darüber aufklären, welche Voraussetzungen gegeben sein müssen, um Unfälle zu vermeiden. Dazu gehören Kenntnisse über die Natur des Pferdes und den richtigen Umgang mit ihm, einige grundsätzliche Eigenschaften des Reiters, die Ausrüstung von Reiter und Pferd, die wesentlichen Merkmale eines guten Ausbildungsbetriebs, die qualifizierte Ausbildung des Reiters, Sicherheitsgebote im Stall, in der Reitbahn, im Gelände, im Straßenverkehr, bei Jagden und schließlich das Verhalten in kritischen Situationen, falls diese trotz aller Vorbeugungs- und Vorsichtsmaßnahmen einmal entstehen sollten.
Das Buch will damit dazu beitragen, einen schönen Sport von unnötigen, weil vermeidbaren Risikofaktoren – und seinem oft zweifelhaften Ruf – zu befreien, ihn so sicher zu machen, wie er es sein kann.

Das Pferd

Vorbemerkung

Es ist immer wieder erstaunlich festzustellen, wie wenig selbst fortgeschrittene Reiter von der Natur des Lebewesens wissen, dem sie sich mit ihrer Gesundheit, ja mit ihrem Leben anvertrauen. Jeder Segler z. B., der auch nur auf dem kleinsten deutschen Binnensee selbständig segeln möchte, muß – neben anderen Kenntnissen und Fertigkeiten – ein sehr detailliertes Wissen über sein Boot besitzen, das er in der Prüfung für den Segelschein der Klasse A nachzuweisen hat.
Das „Sportgerät" des Reiters ist gewiß nicht minder kompliziert, es ist überdies ein Lebewesen, in dem trotz jahrtausendelanger Domestizierung noch die Eigenschaften und Triebe seiner wild lebenden Vorfahren stecken. Darüber Bescheid zu wissen und sich entsprechend zu verhalten ist eine wichtige Grundlage dafür, daß das Pferd ein zufriedener und berechenbarer Partner ist.
Folgende Grundmerkmale des Pferdes sollen auf den nächsten Seiten erläutert und die für den Menschen daraus entstehenden Konsequenzen sowohl hier als auch in den anschließenden Kapiteln dargestellt werden:
Das Pferd ist ein:

- Pflanzenfresser
- Lauf- und Fluchttier
- Herdentier mit ausgeprägtem Sozialverhalten und strenger Rangordnung

Der Pflanzenfresser

Fressen ist das Wichtigste im Leben eines Pferdes: Etwa die Hälfte des Tages verbringt es mit der Aufnahme von Nahrung!
Ursprünglich ist es in erster Linie ein Grasfresser, der Körner in nur sehr geringen Mengen zu sich nahm. Aufgrund seines Verdauungsapparates kann es auch heute noch von Körnern allein nicht leben. Es braucht

außer Hafer oder anderem Kraftfutter eine ausreichende Menge von sogenannten Ballaststoffen, die ihm das Rauhfutter, meist Heu und Stroh, bietet.
Abgesehen davon, daß sich der wirkliche Pferdefreund auch für die richtige Ernährung seines Vierbeiners interessiert, gibt es viele Reiter, die – z. B. aus Gründen der Kostenersparnis – ihr Pferd selbst versorgen, also auch füttern. Für diese sind genaue Kenntnisse der Futterbedürfnisse und -gewohnheiten eine Notwendigkeit.
Zu berücksichtigen ist vor allem der große Rauhfutterbedarf (Heu und Stroh), während zuviel Kraftfutter, also auch Hafer, von Übel ist. Das gilt besonders bei Pferden, die nicht in außergewöhnlichem Maß (Leistungs- oder gar Hochleistungssport) beansprucht werden. Ein Pferd, das „der Hafer sticht", ist nicht nur gesundheitlich gefährdet, sondern bildet mit seinen überschüssigen Kräften auch ein erhöhtes Sicherheitsrisiko für den Reiter.
Ein mittelschweres Pferd bekommt bei normaler Arbeit pro Tag 3,5 bis 5 kg Hafer, 6 kg Heu und Stroh nach Bedarf.
Selbstverständlich muß die Beschaffenheit des Futters einwandfrei sein. Verschimmeltes Futter ist überaus schädlich!
Auch für Abwechslung sollte gesorgt sein. Als Kraftfutter kann zwischendurch statt Hafer Mais, Roggen, Weizen, Gerste, Mash oder Gruel* gefüttert werden. Zusätzlich zu Heu, Roggen- und Weizenstroh sollte – in kleineren Mengen – Saftfutter (frisches Gras, gelbe und rote Rüben, Zucker- und Futterrüben) den Speiseplan bereichern.
Frisches, also nicht abgestandenes Wasser muß in ausreichendem Maß zur Verfügung stehen. Meist sind heute im Stall Selbsttränken vorhanden. Ist dies nicht der Fall, muß drei- bis viermal am Tag vor oder nach dem Füttern getränkt werden. Stark erhitzte Pferde darf man nicht ungehindert saufen lassen. Sie werden vorher zum Abschwitzen herumgeführt.
Das Pferd braucht feste Futterzeiten und wird mindestens dreimal täglich zu denselben Zeiten gefüttert. Die größte Ration erhält es abends, also vor der längsten Ruhepause: Die Nachtruhe verschafft ihm genügend

* Mash ist ein Gemisch aus Hafer, Weizenkleie und Leinsamen, mit kochendem Wasser übergossen, dann angerührt und lauwarm gefüttert. Gruel besteht aus ein paar Handvoll Hafermehl, mit einigen Litern warmen Wassers angerührt. Beides eignet sich vor allem für kranke und geschwächte Pferde.

Zeit für den Freß- und Verdauungsvorgang. Da es seine Nahrung sehr sorgfältig zerkleinert, zerkaut, braucht es für das Fressen viel Zeit und auch Ruhe.

Ein Wort noch zu den – gewiß gut gemeinten – Leckerbissen. Zuviel Zucker ist ohnehin für die Pferdezähne ungesund. Aber auch andere Leckereien wie Möhren oder Brot, die der Reiter ständig aus seinen Taschen „hervorzaubert“, verleiten nur zu Untugenden, die oft kaum wieder abzugewöhnen sind. Das Pferd beginnt selbst, an der Kleidung nach Leckerbissen herumzusuchen, und nicht selten wird aus dem harmlosen „Knibbeln“ ein aus Ungeduld handfest zupackender Biß! Gegen eine Belohnung nach dem Reiten ist nichts einzuwenden – ansonsten sind zusätzliche Futtergaben besser in der Krippe aufgehoben.

Richtige Fütterung gehört sehr wesentlich zur artgerechten Haltung und gewährleistet Gesundheit und Wohlbefinden des Pferdes. Ein Pferd, das sich physisch wohl fühlt, ist ausgeglichener, zufriedener und ruhiger als sein Artgenosse, dessen Allgemeinbefinden durch falsche Fütterung beeinträchtigt ist. Nervosität, Reizbarkeit, ja Verhaltensstörungen können u. a. durch unsachgemäßes Füttern verursacht werden.

Die wichtigsten Grundregeln für die Fütterung unseres Pflanzenfressers noch einmal in Stichworten:

- viel Rauhfutter (6 kg Heu am Tag und ausreichend gutes, frisches Stroh)
- nicht zuviel Kraftfutter (durchschnittlich 3,5 bis 5 kg Hafer am Tag, anderes Kraftfutter nicht zusätzlich, sondern zur Abwechslung geben), Gefahr der Überfütterung!
- Futterbeschaffenheit: einwandfreier Zustand
- feste Futterzeiten beachten (mindestens dreimal täglich)
- größte Futterration am Abend
- Abwechslung im Futterplan beachten
- regelmäßig und ausreichend frisches Wasser geben

Das Lauf- und Fluchttier

Tief verwurzelt in der Natur des ehemaligen Steppentiers ist das Lauf- und Bewegungsbedürfnis. Bewegungsmangel schadet nicht nur der Gesundheit des Pferdes, der dadurch angestaute Übermut kann auch den Reiter in Gefahr bringen.

Der für die Betriebsorganisation und das Personal eines Reitstalles meist unerläßliche „Stehtag" ist im Hinblick auf die Pferde unnötig und unnatürlich. Ein Pferd braucht täglich *mindestens* eine Stunde Bewegung. Zusätzlich zum Reiten sind freie Bewegungsformen – Koppel, Laufhof (Paddock), Laufenlassen in der Halle – dringend zu empfehlen. Notfalls erfüllt auch das Longieren am Halfter diesen Zweck. Vor allem Pferde, die im Ständer stehen, sollten unter allen Umständen mehr als eine Stunde am Tag bewegt werden, damit sie nicht die restlichen 23 Stunden angebunden mit dem Kopf zur Wand verbringen müssen. Mancher Reiter wird erstaunt darüber sein, wieviel Bewegungsdrang und Übermut nach einer Reitstunde noch in seinem Pferd steckt, wenn er es auf die Koppel läßt!

Abb. 1. Pferde brauchen Bewegung. Man sollte sie neben dem Reiten möglichst oft auch frei laufen lassen.

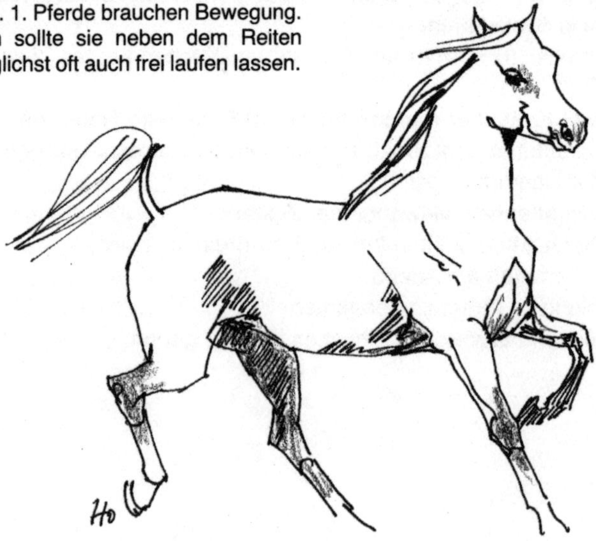

Monotonie – der Feind aller Lebewesen – sollte auch beim Reiten vermieden werden. Abwechslung durch verschiedene Lektionen und Anforderungen, Wechsel zwischen Halle, offenem Platz und Gelände, zwangloses Bummeln durch Wald und Feld oder auch nur das Trockenreiten in der offenen Bahn nach einer Hallenstunde sind Möglichkeiten, um dem Pferd und sich selbst Freude und Aufmerksamkeit zu erhalten. Diese Abwechslung dient nicht nur dem Wohlbefinden des Pferdes, sondern gewöhnt es auch an verschiedene Eindrücke und Umwelteinflüsse. Wer sein Pferd in der immer gleichen, sterilen Umgebung einer Reithalle reitet, darf sich nicht wundern, wenn es beim ersten harmlosen Ausritt vor jeder Kleinigkeit panikartig scheut oder wegläuft.

Scheuen und Weglaufen vor unbekannten und daher angsteinflößenden Gegenständen, Bewegungen und Geräuschen sind im übrigen eine ganz natürliche Reaktion des Fluchttiers Pferd, dem in freier Wildbahn häufig nur seine Schnelligkeit das Leben rettete. Oft ist die Ursache der plötzlichen Furcht für den Menschen kaum oder gar nicht erkennbar. Deshalb muß der Reiter immer wachsam bleiben, die Augen offenhalten und schwierige Situationen nach Möglichkeit im voraus erkennen, um rechtzeitig reagieren zu können. Wenn ein Pferd erschrickt, würden Strafen nur seine Angst steigern. In diesem Fall gilt es ganz im Gegenteil, überlegen und beruhigend einzuwirken und selbst möglichst wenig Aufhebens um die Angelegenheit zu machen. Die Ruhe des Reiters gibt dem Pferd Vertrauen und Sicherheit, Nervosität dagegen kann panikartige Reaktionen herbeiführen. Da das Pferd ein vorzügliches Gedächtnis besitzt, wird es sich die einmal gemachte Erfahrung gut merken und sich beim nächsten ähnlichen Anlaß entsprechend, also mit gesteigerter Angst- und Fluchtreaktion oder aber mit Ruhe und Gelassenheit, verhalten.

Zugegeben: Das Scheuen oder Weglaufen könnte – in allerdings seltenen Fällen – auch auf Ungehorsam und Widersetzlichkeit beruhen. Das ist sogar für einen erfahrenen Fachmann nicht ganz leicht zu erkennen. Bei hartnäckigem, wiederholtem Widerstand sollte daher immer ein wirklicher Könner die Situation unmißverständlich klären, indem er das Pferd energisch vorbeireitet und danach lobt. Das Pferd erfährt dabei, daß ihm nichts passiert, daß seine Furcht unbegründet war, daß es dem Reiter vertrauen kann, daß dieser gleichsam stärker ist als der angeborene Fluchtinstinkt.

Das Lauf- und Fluchttier Pferd braucht also:
- genügend Bewegung
- abwechslungsreiche Bewegungsformen
- einfühlsame Hilfe bei der Überwindung seines Fluchttriebes

Das Herdentier

Das in Freiheit lebende Pferd ist an eine strenge Rangordnung in der Herde gewöhnt; an der Spitze steht das Leittier, dem sich die anderen unterzuordnen haben. Auch beim heutigen Haustier ist dieses Verhaltensmuster stark ausgeprägt und kann noch genau beobachtet werden, wenn z. B. mehrere Pferde zusammen gehalten oder auf die Koppel gelassen werden. Nicht selten entstehen dabei mehr oder minder heftige Rangordnungskämpfe, bis sich das Leittier durchgesetzt hat. Also Vorsicht: Begeben Sie sich nie unter Pferde, die ihre Machtverhältnisse noch nicht geklärt haben!
Beim Umgang des Menschen mit einem Pferd muß von Anfang an unmißverständlich deutlich werden, daß der Mensch die Leittierfunktion übernimmt. Konsequente Erziehung zu absolutem Gehorsam, zur Unterordnung unter den Menschen, ist die beste Voraussetzung für einen gefahrlosen Umgang mit dem Pferd. Die einmal festgelegte „Rangordnung" gibt aber auch dem Pferd ein Gefühl von Geborgenheit, macht es in seinem Verhalten ausgeglichener und zufriedener.
Im allgemeinen sind die heute gezüchteten Pferdetypen charakterlich zuverlässig und im Umgang relativ problemlos. Ein Rest des Wildpferdes, das nicht nur fliehen, sondern auch kämpfen kann, ist dennoch geblieben. Die Häufigkeit der Verletzungen durch Bisse und Hufschläge weist darauf hin, daß das Pferd seine ursprünglichen „Waffen" noch immer instinktiv einsetzt. Allerdings ist in solchen Fällen meist der Mensch schuld, der sich durch Unkenntnis und Leichtsinn selbst in Gefahr bringt.
Es gibt jedoch mitunter auch starke „Pferdepersönlichkeiten", sogenannte Führernaturen, unter den Pferden, die dazu neigen, immer wieder erneut um die Rangordnung zu kämpfen. Dazu gehören in erster Linie Hengste, die im allgemeinen als Reitpferde für den Normalverbrau-

Abb. 2 a. Zwei fremde Pferde beschnuppern sich auf der Koppel.

cher ungeeignet sind. Auch Stuten und Wallache können jedoch durchaus solche Kämpfernaturen sein – sie gehören in die Hand eines erfahrenen Fachmanns, der in keiner Situation Zweifel daran aufkommen läßt, wer der „Herr" ist.
Grundsätzlich sind Pferde eher friedliebend und als Herdentiere sehr soziale Wesen, die in der Freiheit sozusagen in hautenger Gemeinschaft mit ihren Artgenossen lebten. Auch heute belecken und beknabbern sich einander freundschaftlich gesinnte Tiere auf der Koppel und grasen Bauch an Bauch friedlich nebeneinander.
Solche Körperkontakte werden durch die Stallhaltung eingeschränkt, oft sogar ganz verhindert. Sicht- und Schnupperkontakt sollte dem Pferd im

Abb. 2 b. Haben sie erst einmal Freundschaft geschlossen, grasen sie friedlich Bauch an Bauch nebeneinander.

Abb. 3. Vorsicht! Bei Rangordnungskämpfen zwischen Pferden sollte sich der Mensch heraushalten.

Stall unbedingt ermöglicht sein. Einzeln, von anderen isoliert gehaltene Pferde können nervös, reizbar und unberechenbar werden.

Die bei der Stallhaltung des Pferdes erheblich reduzierten Kontakte zu Artgenossen kann und sollte der Mensch durch möglichst intensive Beschäftigung mit ihm ausgleichen und ersatzweise übernehmen. Das Pferd wird dankbar sein für jede Beschäftigung mit ihm – auch außerhalb des Reitens. Selbst das fachgerechte Putzen (s. u.) dient nicht nur der Reinigung, sondern trägt wesentlich auch zum psychischen Wohlbefinden des Pferdes bei.

Trotzdem darf das Pferd nicht mit einem „Schmusetier“ verwechselt werden. Anders als Hund oder Katze lebt es nicht in enger Wohngemeinschaft mit dem Menschen und bleibt stets etwas fremder und unnahbarer. Man sollte daher immer auf den Gesichtsausdruck aufmerksam achten; auch bei den Hufen, insbesondere den Hinterbeinen, ist Vorsicht am Platze. Das gilt vor allem beim Umgang mit fremden Pferden.

Trotz langer Gewöhnung an den Menschen fühlt sich das Herdentier Pferd stark zu seinen Artgenossen hingezogen. Deshalb gibt es meist Schwierigkeiten, wenn man von einer Gruppe wegreiten möchte oder wenn andere Pferde im Gelände auftauchen. Der Urtrieb, anderen

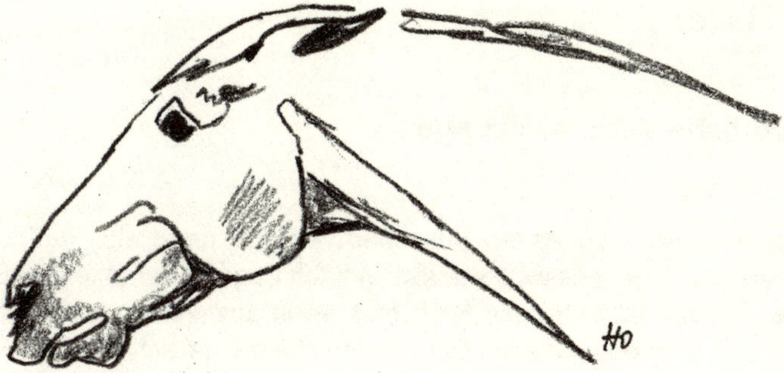

Abb. 4. Angelegte Ohren, aggressiver Gesichtsausdruck.

Pferden nachzulaufen, macht sich auch dann bemerkbar, wenn ein Pferd oder mehrere angaloppieren. In Richtung Stall zieht es ein Pferd ebenso wie zum Bahnausgang, wenn andere die Bahn verlassen. Das Galoppieren im Gelände in Richtung Heimat kann gefährlich werden; wenn andere die Reitbahn verlassen, sind Aufmerksamkeit und Vorsicht geboten. Am besten reitet man dann auf dem Zirkel, der am Ausgang liegt, und nicht auf der entgegengesetzten Seite.

Der ausgeprägte Herdentrieb läßt sich aber auch sehr gut zum Vorteil und für die Sicherheit des Reiters ausnutzen. Reitanfänger sind z. B. hinter einem sicheren Führpferd am besten aufgehoben. Ein ängstliches Pferd wird in der Regel willig einem beherzteren Artgenossen folgen, und in Gesellschaft anderer, ruhiger Pferde beruhigt sich auch ein nervöses Pferd, das alleine zu gefährlichen Reaktionen neigt.

Zusammengefaßt ist zum Herdentier Pferd zu sagen:

- Es ist an eine strenge Rangordnung gewöhnt, wobei der Mensch die Leittierfunktion übernehmen muß.
- Es ist als soziales Wesen auf Zuwendung und Beschäftigung mit ihm angewiesen.
- Es verspürt einen ausgeprägten Drang, zu seinen Artgenossen hinzulaufen bzw. ihnen zu folgen.

Der Reiter

Körperliche Voraussetzungen

Für den Laien mag es so aussehen, als sei der Reiter auf dem Pferderücken eher passiv, lasse sich einfach tragen. Wer reitet, weiß es besser: Reiten ist zwar kein Kraftsport, kann aber recht „schweißtreibend“ und anstrengend sein. Darin unterscheidet es sich nicht von den meisten anderen Sportarten, für die Fitneß, also Gesundheit und normale körperliche Leistungsfähigkeit, eine Grundvoraussetzung ist. (Das therapeutische Reiten sei hier ausgeklammert, weil es sich dabei um ein Spezialgebiet mit besonderen Methoden und Voraussetzungen handelt.) Im Reitsport, bei dem die Sicherheit des Reiters so entscheidend von seiner Reaktionsfähigkeit gegenüber dem Partner Pferd abhängt, ist es besonders leichtsinnig und gefährlich, wenn Unwohlsein, Übermüdung oder Schmerzen Sitz, Einwirkungen und Konzentration beeinträchtigen.

Kreislauferkrankungen oder Rückenbeschwerden, bei denen der Arzt das Reiten verordnet, sind ein Sonderfall. Hier muß der Reitlehrer über die Beschwerden des Schülers genau informiert sein, um bei der Pferdeeinteilung und bei eventuell notwendigen Pausen individuell auf ihn eingehen zu können.

Auch über eine gewisse Grundkondition sollte jeder, der reitet, verfügen, d. h. er muß körperlich so trainiert sein, daß er einer normalen sportlichen Betätigung voll gewachsen ist. Vor allem älteren Menschen ist ein Ausgleichssport zu empfehlen – besonders geeignet ist Schwimmen, aber auch Radfahren, Laufen u. a. sind sinnvoll.

Wer den ganzen Tag am Schreibtisch gesessen hat, sollte nicht unmittelbar danach aufs Pferd steigen: Etwas Gymnastik, möglichst an der frischen Luft, lockert die Muskulatur und fördert die Durchblutung.

Eine gewisse, wenn auch weniger entscheidende Rolle spielt der Körperbau des Reiters. Wer einen kurzen Oberkörper, lange Beine hat und schlank gewachsen ist, verfügt über eine ideale Reiterfigur. Menschen mit einem sehr langen Oberkörper, kurzen Beinen, dicken Oberschenkeln und gut gepolstertem Gesäß haben es schwerer, sich auf dem

Pferderücken auszubalancieren. Jedoch sind diese körperlichen Nachteile keineswegs ein Grund zur Resignation. Mit entsprechendem Einsatz und Energie bringen es solche Reiter sogar manchmal weiter als ihre figürlich begünstigteren Mitreiter, denen der Anfang vielleicht allzu leicht fiel. Einige Reitstunden mehr, um den geschmeidigen, korrekten Grundsitz zu erlernen, müssen allerdings eingeplant werden. Der etwas mühsamere Anfang macht sich nachher allemal bezahlt und schützt vor unnötigem Risiko.
Die wichtigsten körperlichen Voraussetzungen:

- Fitneß: Gesundheit und Leistungsfähigkeit
- Grundkondition

Charakterliche Voraussetzungen

Wer reitet, muß in erster Linie bereit und fähig sein, sich auf seinen Partner, das Pferd, einzustellen. Wem das Tier nichts bedeutet, wer Reiten als eine Sportart wie jede andere ansieht oder es vielleicht nur erlernen will, weil es „chic" ist, und im übrigen das Pferd für ein Sportgerät wie Fahrrad oder Skier hält, sollte sich Mühe und Unkosten sparen! Reiten setzt Einfühlungsvermögen, Sensibilität, Konzentrationsfähigkeit, Selbstbeherrschung, Rücksicht und Geduld mit sich und dem Pferd voraus. Draufgängertum – oft mit Mut verwechselt und bewundert – ist verantwortungslos und gefährdet alle Beteiligten. Wenn sich dazu noch übermäßiger Ehrgeiz, Angeberei und Fehleinschätzung des eigenen Könnens gesellen, entsteht eine Mischung, die in höchstem Maße gefährlich ist. Zum Beispiel: Ein Reiter, der mit seinem vermeintlichen Können prahlen möchte, reitet einen Sprung an, der ihn, das Pferd oder beide überfordert. Das Pferd stürzt auf ihn und verletzt ihn. Abgesehen davon, daß dieser Reiter seine eigene Gesundheit und sein Leben aufs Spiel setzt, verhält er sich äußerst rücksichtslos gegenüber seinem Pferd, vor allem aber gegenüber seinen Mitreitern, unter denen vielleicht gar Anfänger sind, deren Pferde erschrecken, weglaufen und ihre Reiter zu Fall bringen. Rücksichtslos und gefährlich ist auch unbeherrschtes Strafen mit lautem Peitschengeknall, auf das andere Pferde genauso panikartig reagieren können wie das eigene.

Abb. 5. Unbeherrschtes, rücksichtsloses Strafen mit Peitschengeknall kann sowohl beim eigenen als auch bei den anderen Pferden in der Reitbahn panikartige Reaktionen hervorrufen und bringt Mensch und Tier in Gefahr.

Heranwachsende, aber auch Erwachsene, die sich beim Sport vor allem körperlich ausarbeiten, „austoben" wollen, sollten dies auf einem Trimmpfad oder Fußballplatz tun – aber nicht auf dem Pferderücken!

Auch beim Fußball gibt es feste Regeln und Gesetze der Fairneß – für den Reiter beim Umgang mit Mitreitern und Pferden sollten sie eine schlichte Selbstverständlichkeit sein.

Auf der anderen Seite kann auch Ängstlichkeit zur Gefahrenquelle werden. Ob diese ihre Ursache in einer völligen Unvertrautheit mit dem Pferd oder in oft gar nicht mehr bewußten früheren Erfahrungen hat, die nicht einmal im Zusammenhang mit dem Reiten stehen müssen – als Risikofaktor ist Angst unbedingt ernst zu nehmen. Haben Sie deshalb ruhig den Mut zu sagen, daß Sie Angst haben. Durch fachgerechte und geschickte Anleitung und Unterweisung wird der Reitlehrer diese Angst abbauen und mit den nötigen Kenntnissen das Vertrauen zum Pferd vermitteln, das die Grundlage für Freude und Sicherheit beim Reiten ist.

Diese Vertrauensbasis bedarf einiger Zeit und Gewöhnung. Aufmunternde Sprüche wie: „Das ist doch ein lammfrommes Tier!" helfen dabei allerdings so wenig wie etwa der Versuch eines Dompteurs, den Laien mit dem Satz „Das ist eine ganz brave, harmlose Katze!" in seinen Raubtierkäfig zu lotsen!
Um reiten zu lernen, muß man nun keinesfalls die Verkörperung aller denkbaren Reitertugenden sein. Der qualifizierte Reitlehrer wird ohnehin dafür Sorge tragen, daß Draufgängertum und Rücksichtslosigkeit schon in den Anfängen bekämpft und daß übertriebene Ängstlichkeit behutsam abgebaut werden.
Folgendes allerdings muß der Reiter selbst mitbringen: die Bereitschaft und die Fähigkeit zu lernen und die nüchterne, kritische Selbsteinschätzung der eigenen Grenzen und Möglichkeiten.

Die Ausrüstung von Reiter und Pferd

Die Ausrüstung des Reiters

Eine reitsportgerechte Ausrüstung ist zwar nicht billig, bildet aber eine notwendige Voraussetzung für die Sicherheit des Reiters. Hier zu sparen ist kurzsichtig und gefährlich. Grundregel für die Ausrüstung von Reiter und Pferd: Das „Handwerkszeug" muß stimmen!
Auf Reitstiefel und eine gut sitzende Reithose kann allenfalls in den ersten Longenstunden verzichtet werden, falls der Reiter sich noch nicht endgültig für den Reitsport entschieden hat.

- Reitstiefel – vorzugsweise aus Leder, ersatzweise (z. B. bei Kindern, die ja noch wachsen) können es auch die erheblich billigeren, aber auch weniger festen Gummistiefel sein – sind ein wichtiger Schutz für Beine und Füße. Die Stiefel müssen eine harte, leicht rutschende, bis zum Absatz durchgehende Sohle besitzen und gut passen: Neu gekauft, sollten sie gut in die Kniebeuge reichen, da sie sich mit der Zeit um ein bis zwei Fingerbreit setzen; an Knie und Wade dürfen sie nicht zu weit sein, und oben sollte ein Spielraum für etwa zwei Finger bestehen (Abb. 6).

Abb. 6. Ein gut sitzender Reitstiefel.

Anfänger an der Longe, die noch keine Reitstiefel besitzen, müssen festes Schuhwerk (also weder Sandalen noch Turnschuhe!) tragen. Diese Schuhe müssen – wie die Reitstiefel – eine Sohle haben, die bis zum Absatz durchgeht und leicht rutscht. Ein Absatz ist unbedingt erforderlich, um zu verhindern, daß der Fuß durch den Bügel rutscht und der Reiter, sollte er herunterfallen, hängenbleibt und mitgeschleift wird. Das kann vor allem Anfängern passieren, deren Fußhaltung ja noch wenig gefestigt ist und die deshalb dazu neigen, den Absatz hochzuziehen.

Festes Schuhwerk ist übrigens nicht nur beim Reiten, sondern bei jedem Umgang mit dem Pferd notwendig. Die Berührung des ungeschützten Fußes mit einem Pferdehuf kann höchst schmerzhafte Folgen haben!

- Eine richtig sitzende Reithose, die keine Falten wirft, nicht hochrutscht und weich und glatt sein soll, bewahrt den Reiter davor, sich „aufzureiten“ (wund zu reiten) und dann – im Bestreben, diesem Schmerz auszuweichen – verkrampft zu sitzen. Sie dient somit dem losgelassenen, geschmeidigen und sicheren Sitz, der auch die Grundlage für richtiges Einwirken ist.

- Auf die gut sitzende, feste und splittersichere Reitkappe als Schutz vor den bei einem Sturz so häufigen Kopfverletzungen darf der Anfänger nicht verzichten. Er kann sie sich eventuell ausleihen. Allerdings muß

Abb. 7. Reitkappe mit Kinnschutz und Vierpunktbefestigung.

gewährleistet sein, daß sie fest sitzt und nicht vom Kopf rutschen kann. Am wirkungsvollsten schützt eine Kappe mit Kinnschutz und Vierpunktbefestigung (Abb. 7). Außer bei Anfängern ist bei allen Reitern zum Springen und im Gelände auf dem Tragen einer Reitkappe zu bestehen.

• Reithandschuhe verhindern, daß schweiß- oder regennasse Zügel aus der Hand rutschen, und bieten Anfängern, die sich vorn am Sattel festhalten, Schutz vor dem Aufschürfen der Hände an der Sattelkammer; sie sind eine wichtige Voraussetzung für korrekte und sichere Zügeleinwirkungen.

• Für die Oberbekleidung gelten keine festen Vorschriften; sie sollte aber grundsätzlich zweckmäßig, bequem und der Witterung angepaßt sein. Frieren durch zu dünne Kleidung macht starr und ungeschickt. Zu warme Kleidung führt zu unnötigem Schwitzen, bewirkt zusätzliche Anstrengung und beeinträchtigt dadurch Sitz, Einwirkung und Reaktionsvermögen. Zu enge Kleidung beeinträchtigt die Durchblutung, zu weite, blusige, sich aufbauschende Oberbekleidung sollte ebenfalls vermieden werden, weil sie dem Reitlehrer Korrektur und Kontrolle des Sitzes erschwert.

• Die Unterwäsche sollte gut sitzen, keine Falten werfen (Gefahr des Wundreitens!), bequem, schweißaufsaugend und nicht zu dünn sein.

• Eine Reitgerte gehört ebenfalls zur Ausrüstung; sie darf beim Anfänger nicht zu lang (1,10 m bis 1,20 m) sein, damit er das Pferd nicht ungewollt berühren und dadurch antreiben kann.

• Sporen endlich sind erst etwas für Fortgeschrittene, die die korrekte

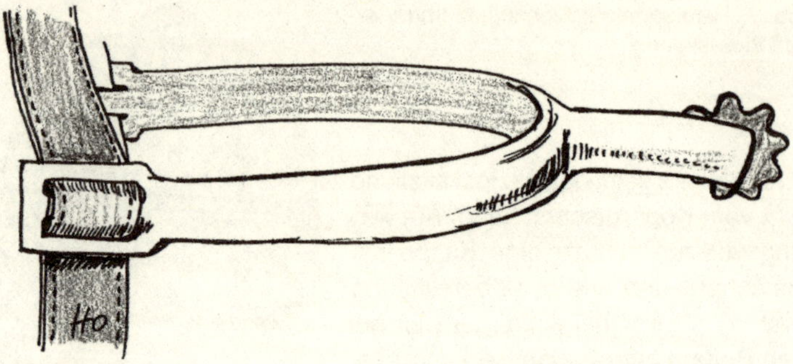

Abb. 8. Sporen mit stumpfen, leicht beweglichen Rädchen (nur für Fortgeschrittene).

Bein- und Fußhaltung sicher beherrschen und keineswegs Gefahr laufen, damit unbeabsichtigt das Pferd zu berühren. Am geeignetsten sind Sporen mit stumpfen, leicht beweglichen Rädchen. Der Sporenriemen wird immer nach außen hin, also vom Pferd weg, zugeschnallt, damit er nicht hängenbleiben kann.

In der Höhe sind Sporen entsprechend der Beinlänge des Reiters anzuschnallen. Faustregel: Kurze Beine – tief geschnallte Sporen, lange Beine – hoch geschnallte Sporen. Andernfalls könnten sie das Pferd ungewollt berühren oder bleiben wirkungslos bzw. verleiten zum Hochziehen der Absätze.

Sporen werden nur zu Pferd getragen. Beim Gehen oder beim Umgang mit dem Pferd sind sie nur hinderlich und werden leicht zur Ursache dafür, daß der Reiter stolpert und hinfällt.

Die Ausrüstung des Reiters zum Abhaken:

- Reitstiefel: möglichst aus Leder und gut passend
- Reithose: gut sitzend und ohne Faltenwurf
- feste, gut sitzende Reitkappe
- Reithandschuhe
- Oberbekleidung: zweckmäßig und witterungsangepaßt
- Unterwäsche: ohne Falten, bequem, schweißaufsaugend
- Reitgerte: Länge für Anfänger 1,10 m bis 1,20 m
- Sporen: nur für Fortgeschrittene

Die Ausrüstung des Pferdes

Wer in einem fachlich anerkannten Reitbetrieb (FN-Zeichen!) auf Schulpferden Reitunterricht nimmt, sollte sich darauf verlassen können, daß sich die Ausrüstung der Pferde in einem einwandfreien Zustand befindet. Dennoch ist der sachkundige Blick in die Sattelkammer nicht überflüssig und vermittelt wertvolle Aufschlüsse über die Qualität eines Betriebes.
Besitzer von Privatpferden in Pensionsställen sollten auf jeden Fall Grundkenntnisse über Sattel- und Zaumzeug und dessen erforderlichen Pflegezustand besitzen – selbst wenn sie sich weder um den Einkauf noch um die Pflege selbst kümmern müssen. Die Fähigkeit, die Ausrüstung seines Pferdes selbst überprüfen und kontrollieren zu können, ist immer eine bessere Sicherheitsgarantie als blindes Vertrauen in andere, die – bei aller unterstellten Zuverlässigkeit – einmal etwas übersehen oder unter Zeitdruck vergessen könnten.
Für diejenigen, die ihr Pferd ohne Aufsicht reiten und selbst versorgen, es am Haus oder bei einem Bauern halten, sind genaue Kenntnisse über die richtige Ausrüstung und deren Pflege unerläßlich. Ohne intaktes „Handwerkszeug“ ist sicheres Reiten nicht möglich. Unkenntnis oder Nachlässigkeit können zu ernsten Risikosituationen führen.
Vor allem müssen Sattel- und Zaumzeug passen, in einwandfreiem Zustand und gut gepflegt sein. Beides ist regelmäßig zu überprüfen, insbesondere der Zustand aller Nähte von Zügeln, Bügelriemen, Gurtstrupfen und Sattelgurt. Bügelriemen sollten aus gutem Leder gefertigt sein.
Beim Sattel muß der tiefste Punkt in der Mitte der Sitzfläche liegen, die Sattelkammer muß hoch genug sein, damit sie genügend Raum für den Widerrist bietet und auf gar keinen Fall aufliegt. Ein auf dem Widerrist aufliegender Sattel verursacht Satteldruck, der für das Pferd sehr schmerzhaft sein und es zu unberechenbaren Reaktionen wie Buckeln und Widersetzlichkeiten veranlassen kann, die den Reiter in Gefahr bringen. Die Sattelunterlage muß glatt aufliegen und regelmäßig gereinigt werden, damit der Rücken des Pferdes keinen Schaden nimmt.
Die Steigbügelriemen müssen in Ordnung sein, so daß keine Reißgefahr besteht. Die Pflege des Leders ist hier besonders wichtig.
Die Sturzfeder für den Bügelriemen (Sicherheitsscharnier oder Steigbü-

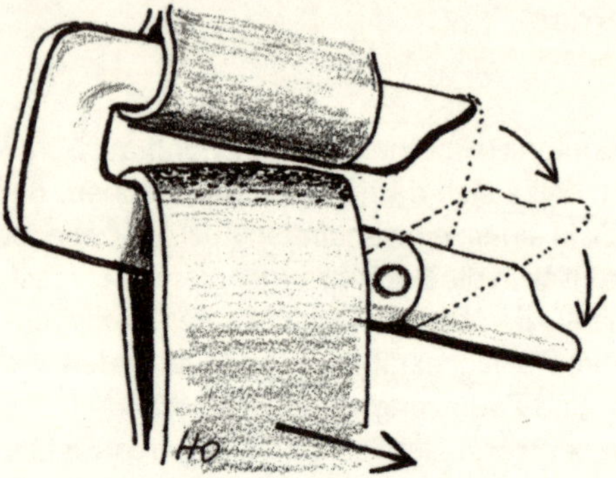

Abb. 9. Sturzfeder für den Bügelriemen: Beim Anzug nach hinten muß sie ausklinken.

gelaufhängung) muß intakt sein: Beim Anzug nach hinten muß sie oben ausklinken, damit sich bei einem Sturz der Bügelriemen leicht vom Sattel löst (Abb. 9).

Die Steigbügel müssen schwer und groß bzw. breit genug sein, um beim Stürzen leicht vom Fuß zu rutschen. Ein solcher Steigbügel läßt sich auch leichter wieder aufnehmen, da er durch sein Gewicht nach unten zieht.

Gurt und Gurtstrupfen müssen intakt sein. Die Strupfen (drei Stück – die dritte dient als Ersatzstrupfe oder zum Korrigieren der Sattellage) müssen, wie die Bügelriemen, aus hochwertigem Leder bestehen.

Das Zaumzeug muß genau passen und in gutem Pflegezustand sein,

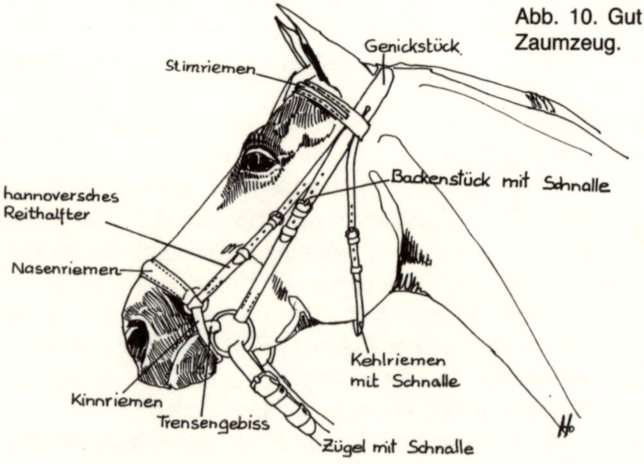

Abb. 10. Gut passendes Zaumzeug.

Abb. 11. Gut sitzendes Stallhalfter.

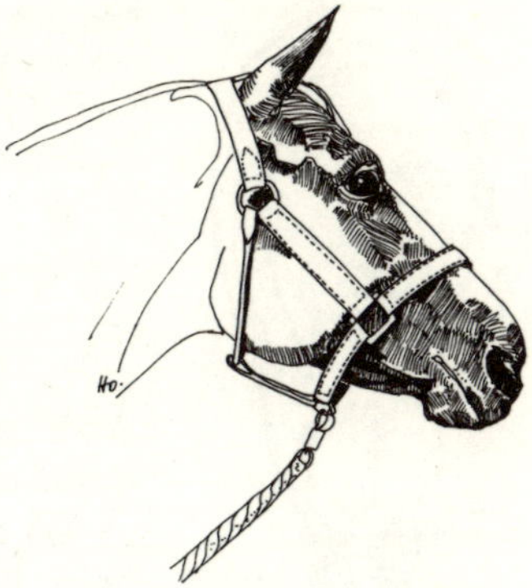

damit keine Druckstellen entstehen, die dem Pferd Schmerzen zufügen können (Sich-Wehren, Widersetzlichkeit!). Gebiß, Nasen- und Stirnriemen müssen in der Breite dem Pferd angepaßt sein; alle anderen Teile lassen sich verstellen (Abb. 10). Die vorgeschriebene Gebißdicke beträgt am Maulwinkel mindestens 16 mm. Grundsätzlich wirken dünne Gebisse schärfer, dicke sind „maulfreundlicher". Im Maul empfindliche Pferde sollten deshalb mit dickeren Gebissen ausgestattet werden.
Zur Grundausrüstung des Pferdes gehört auch ein Stallhalfter, das aus festem Material – am besten Leder – bestehen sollte. Schnurenhalfter sind ungeeignet, weil sie leicht reißen. Auch das Stallhalfter muß passen:

Abb. 12. Funktion des Panikhakens.

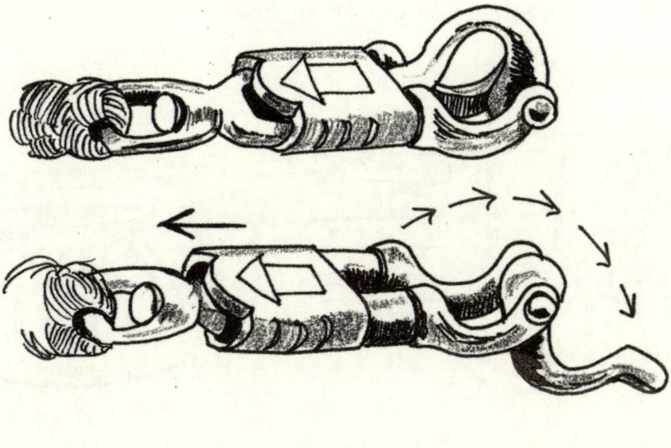

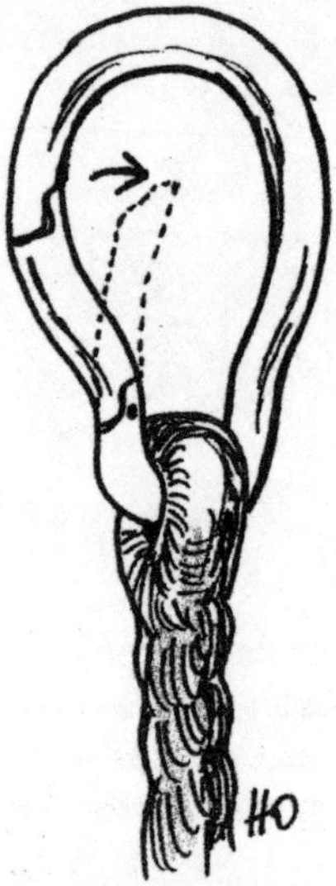

Abb. 13. Keinen Birnenhaken verwenden; wenn er aufgebogen wird oder das Pferd ihn ins Maul nimmt, kann er wie ein Rasiermesser wirken.

Wenn es zu weit ist, kann das Pferd es leicht abstreifen; bei zu engen Halftern können Druckstellen entstehen, die beim Anbinden und auch beim Reiten Schmerzreaktionen verursachen. Der Anbindestrick muß fest genug sein, soll also nicht reißen können. Er sollte mit einem Panikhaken am Stallhalfter befestigt sein, der sich in Notsituationen durch leichten Anzug in Richtung Strick rasch öffnen läßt. Keinen Birnenhaken verwenden (Abb. 13)!

Falls Gamaschen oder Sprungglocken benutzt werden, dürfen sie das Pferd nicht behindern und vor allem nicht zu locker sitzen (Abb. 14).

Auch Hilfszügel wie Ausbinder, Stoßzügel und Martingal müssen in einwandfreiem Zustand sein und sachkundig angeschnallt werden (Abb. 15). Ausbinder und Stoßzügel nie im Stall oder beim Führen verwenden!

Abb. 14. Rechts: Sprungglocke. Links: Streichgamasche, hier mit Lederriemen, es gibt sie auch mit praktischem Klettverschluß.

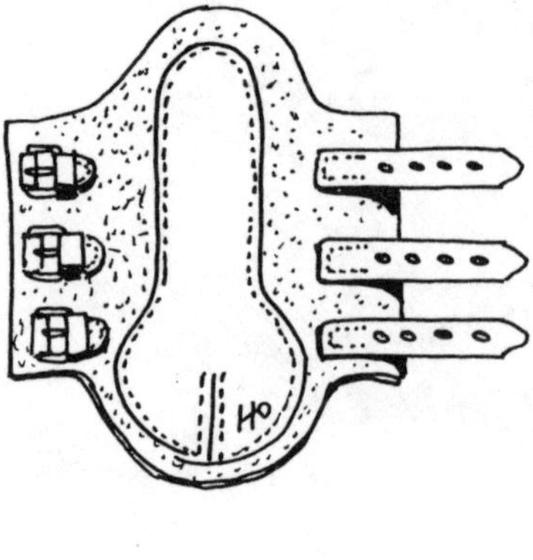

Abb. 15 a. Richtig verschnalltes Martingal.

Abb. 15 b. Richtig verschnallter Ausbinder.

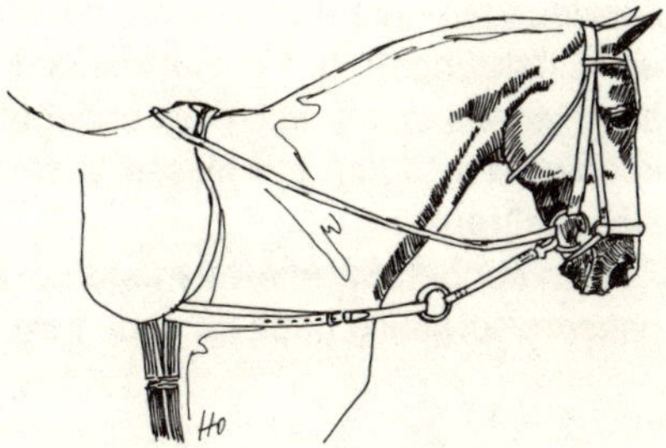

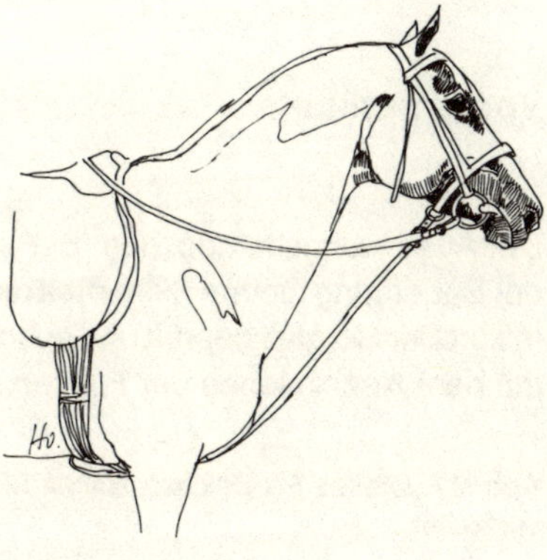

Abb. 15 c. Richtig verschnallter Stoßzügel.

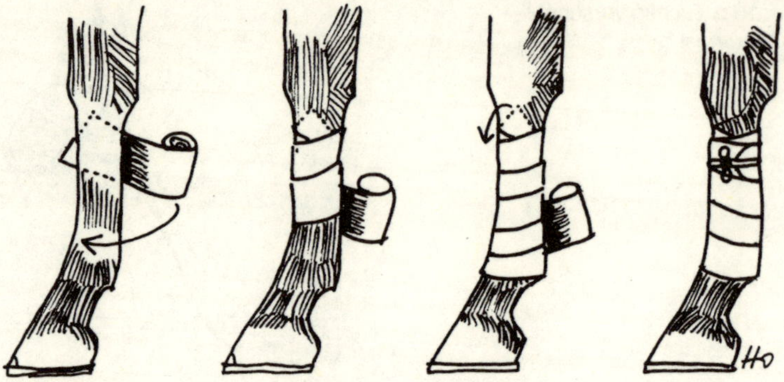

Abb. 16. Fachgerechtes Bandagieren mit Wollbandagen.

Das fachgerechte Bandagieren mit Wollbandagen bedarf einiger Übung und Erfahrung (Abb. 16). Auf keinen Fall dürfen sich Bandagen während des Reitens lösen. Mit Wollbandagen nicht durchs Wasser reiten! Sie können sich durch die Nässe zusammenziehen und die Pferdebeine einschnüren.
Zusammengefaßt: Alle Ausrüstungsgegenstände des Pferdes müssen passen, sorgfältig gepflegt und intakt sein.

Der Ausbildungsbetrieb

Vorbemerkung

Der Ausbildungsbetrieb, dem Sie sich anvertrauen, ist von entscheidender Bedeutung für Ihre Sicherheit und Ihr Wohlbefinden. Er sollte deshalb mit großer Sorgfalt geprüft und ausgewählt werden. Auf jeden Fall muß er mit dem Kennzeichen der FN versehen sein, das aussagt, daß es sich

Abb. 17. Dieses FN-Zeichen sollten Sie an dem Ausbildungsbetrieb Ihrer Wahl vorfinden.

hier um einen von der Deutschen Reiterlichen Vereinigung anerkannten Betrieb handelt (Abb. 17). Anfänger (s. u.) können und dürfen für die notwendige Grundausbildung auf einen guten Ausbildungsbetrieb nicht verzichten. Aufsicht und Anleitung sind für sie unerläßlich. Doch auch den meisten Fortgeschrittenen ist das Reiten in einem solchen Betrieb und die regelmäßige Teilnahme am Unterricht dringend zu empfehlen.

Der Ausbilder

Die Seele eines Reitstalles ist der Ausbilder, der meist auch für Zustand und Niveau des gesamten Betriebs verantwortlich ist. Dieser Ausbilder muß erfahren und fachlich qualifiziert sein, also auf jeden Fall eine entsprechende Prüfung abgelegt haben. Scheuen Sie sich nicht davor, nach der Art seiner Qualifikation zu fragen. Allerdings sind die verschiedenen Berufsbezeichnungen für den Laien oft verwirrend und unverständlich. Deshalb seien sie hier kurz erklärt:

- *Der Berufsreitlehrer* (Pferdewirtschaftsmeister), der zugleich Lehrmeister ist und somit Lehrlinge ausbilden darf, hat seine Meisterprüfung abgelegt und ist in der Lage, Pferde bis mindestens zur Klasse M zu reiten und Schüler bis zu diesem Stand praktisch und theoretisch zu fördern.

- *Der Bereiter* (Pferdewirt, Schwerpunkt Reiten) hat nach dreijähriger Lehrzeit seine Gesellenprüfung auf dem Niveau der Klasse L (praktisches Reiten, Unterrichtserteilung und mehrere andere Fächer) bestanden.

- *Der Amateurreitlehrer* hat ebenfalls eine Prüfung auf L-Niveau abgelegt. Für die Zulassung zur Prüfung muß er das Silberne Reiterabzeichen für Erwachsene vorweisen können.

- *Der Reitwart* muß das Reiterabzeichen für Erwachsene in Bronze erworben und seine Prüfung im Rahmen der Klasse A absolviert haben.

Longen- und Anfängerstunden werden häufig auch von Lehrlingen gegeben. Dagegen ist dann nichts einzuwenden, wenn diese unter

gründlicher, verantwortungsbewußter Anleitung durch ihren Lehrmeister genügend Fachkenntnisse und Erfahrungen erworben haben und beim Unterrichten beaufsichtigt werden.
Dringend zu warnen ist dagegen vor einem Reitunterricht durch andere Reiter, denen in der Regel nicht nur die Erfahrung im Unterrichten, sondern auch die notwendigen Kenntnisse der Sicherheitsvorschriften fehlen. Sie stehen zudem unter keinerlei Versicherungsschutz, so daß es auch finanziell sehr unangenehme Folgen haben kann, wenn Ihnen während einer solchen Reitstunde etwas passiert.
Natürlich ist die Qualität des Reitunterrichts nicht allein von der fachlichen Qualifikation des Reitlehrers abhängig, sondern auch von seiner Persönlichkeit und vor allem der Art und dem Aufbau seines Unterrichts. Geht er intensiv und sachlich ruhig auf jeden einzelnen seiner Schüler ein? Sorgt er für eine gründliche praktische und theoretische Einführung (einschließlich im Umgang mit dem Pferd) vor der ersten Reitstunde? Wird theoretischer Unterricht, für den Anschauungsmaterial vorhanden sein sollte, erteilt? Wird bei keiner Anfängergruppe die Zahl von acht bis zehn Teilnehmern überschritten? Erhalten Anfänger zuerst die übliche Zahl von fünf bis zehn Longenstunden? Besteht die Möglichkeit, Einzelstunden (bis zu drei Reiter) zu nehmen? Werden Reiter von unterschiedlichem Ausbildungsstand in getrennten Gruppen zusammengefaßt, also z. B. in Anfänger, Fortgeschrittene, Springreiter, Turnierreiter unterteilt? – Auch Kinder und Erwachsene sollten möglichst ihre „eigenen" Stunden haben! Ein Reitunterricht, bei dem sich Reiter mit völlig verschiedenen Ansprüchen und Voraussetzungen tummeln, ist nicht nur uneffektiv, sondern auch gefahrenträchtig.
Viele dieser und ähnlicher Fragen beantworten sich von selbst, wenn Sie bei einigen Stunden zusehen, bevor Sie sich zum Reiten anmelden. Vor der ersten Anfängerstunde sollte man sich unbedingt die Zeit nehmen, eine solche Stunde – und zwar von Anfang bis Ende – anzuschauen. Erklärt der Reitlehrer freundlich, ruhig und verständlich, was er von seinen Schülern verlangt? Bestätigt er einen Fortschritt durch Lob, oder verunsichert er die Schüler durch dauerndes Nörgeln, durch Ironie oder gar Gebrüll? Steht er dabei in der Halle oder korrigiert er etwa von einer Tribüne aus, von wo aus ein Eingreifen im Notfall nicht möglich ist? Sind die Anfänger vom Anfang (Führen der Pferde aus Boxe und Ständer) bis zum Ende der Stunde (Zurückbringen der Pferde in den Stall) unter

Aufsicht? Viele böse Unfälle sind schon passiert, weil der Reitlehrer glaubte, seine Schüler beim Schrittreiten oder auf dem Weg zwischen Reitbahn und Stall allein lassen zu können!

Die Pferde

Das geeignete Lehrpferd ist für den Anfänger eine grundlegende Voraussetzung: Es muß einen einwandfreien Charakter und ein ruhiges, ausgeglichenes Temperament besitzen, leicht rittig, mindestens fünfjährig sein und eine abgeschlossene Grundausbildung (A-Niveau) haben; es darf ruhig eher etwas faul als zu empfindlich reagieren, wenn der Reiter einmal ungeschickt einwirkt. Das Anfängerpferd sollte gut sitzen lassen, in der Größe einigermaßen zum Reiter passen, gesunde Beine haben (sonst Gefahr des Einknickens und Stolperns!) und auch sonst keine Schmerzen (z. B. durch Satteldruck) empfinden. Nach Stehtagen ist darauf zu achten, daß die Pferde vor dem Unterricht ausreichend bewegt werden.
Lehrpferde sollten sich auch von einem schwächeren Reiter leicht nachreiten lassen. Wenn sie – was nicht ganz ausbleiben kann – im

Abb. 18. Abgemagertes Pferd in miserablem Zustand.

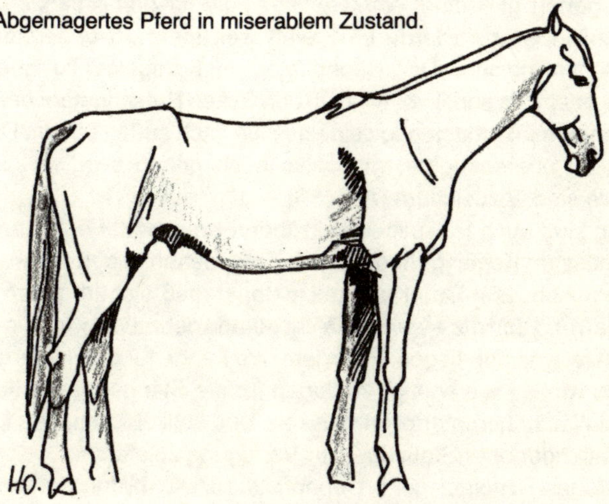

Schulbetrieb abstumpfen oder ungehorsam werden, hat der Reitlehrer die Pflicht, sie zu korrigieren und wieder auf die Hilfen abzustimmen.
Schulpferde müssen zwar durch ausreichende Bewegung ausgelastet sein, dürfen aber auch nicht zu oft, d. h. nicht mehr als vier Stunden am Tag, gehen. Das kann zu Unfällen führen, da übermüdete Pferde schlechter reagieren, weniger konzentriert sind und leichter stolpern.
Das über Lehrpferde Gesagte gilt im Prinzip für das ideale und sichere Reitpferd überhaupt. Von jungen, schlecht oder kaum ausgebildeten oder vom Temperament her schwierigen Pferden sollte der durchschnittliche Reiter Abstand nehmen. Sie gehören in die Hand eines Fachmanns und Könners!
Natürlich muß auch der Futter- und Pflegezustand beachtet werden: Abgemagerte, verwahrloste Pferde sind nicht nur ein unschöner Anblick und ein schlechtes Aushängeschild für den ganzen Betrieb – sie sind meist auch alles andere als eine Garantie dafür, daß man auf ihrem Rücken gut und sicher aufgehoben ist (Abb. 18).

Die Ausbildungsstätte

Zu ihr gehört unbedingt eine Reithalle, die für den Anfängerunterricht erforderlich ist, da Pferde im Freien weit mehr zu unberechenbaren Reaktionen neigen. Der Bodenbelag muß regelmäßig geeggt und gepflegt sein, da sonst vor allem in den Ecken Rutschgefahr besteht. Die Bandentür muß breit genug sein und sich nach außen öffnen. Die Bande darf nicht überspringbar, muß also hoch genug sein; vorspringende Bauteile sind abzusichern (Abb. 19).
Wichtig sind auch Hilfsmittel und Hindernismaterial: Für Anfängergruppen müssen Kegel griffbereit sein, mit denen die Ecken abgestellt werden (Abb. 20). Das Hindernismaterial muß sich in gutem Zustand befinden und darf nie – wenn es nicht gerade gebraucht wird – in der Halle herumstehen oder -liegen. Fachgerechte Fänge für die Hindernisse sind ebenso wichtig wie richtige Auflagen für die Stangen (nicht tiefer als 3 cm), die leicht herunterfallen müssen. Und schließlich haben für Anfänger Ausbinder oder Stoßzügel zur Verfügung zu stehen.
Ein offener Reitplatz gehört ebenfalls zur Ausbildungsstätte, da der

Abb. 19. Sichere, hohe Bande; die Bandentür wird nach außen geöffnet.

Reiter vor seinem ersten Ausritt eine angemessene Anzahl von Stunden in der offenen Bahn erhalten muß: Er erlernt hier das Reiten im Freien unter intensiverer Kontrolle durch den Reitlehrer, als dies im Gelände möglich ist; außerdem reagieren die Pferde innerhalb der festen Begren-

Abb. 20. Für Anfänger werden die Ecken mit Kegeln ausgestellt, um ihnen das Eckenausreiten zu erleichtern.

zung des Platzes und in vertrauter Umgebung meist ruhiger als in freier Natur. Der Bodenbelag muß eben und gepflegt sein. Besonders gefährlich sind nasse, rutschige Grasböden, gefrorene glatte oder ausgetrocknete, sehr harte Böden. Durch unsachgemäßes Spritzen entstandene Matschlöcher bedeuten Rutschgefahr. Auf keinen Fall dürfen Scherben, Flaschen, Steine, Drähte, Nägel u. ä. herumliegen! Die Einfriedung des offenen Platzes sollte stabil sein; gänzlich ungeeignet und gefährlich ist Stacheldraht!

Wer sich im Hinblick auf später oder aufgrund seines bereits erreichten Ausbildungsstandes sogleich für Ausritte interessiert, sollte nicht versäumen, sich über Ausreitmöglichkeiten in der Nähe zu informieren. Sind die Bodenverhältnisse für das Reiten im Gelände geeignet? Sind genügend Reitwege vorhanden? Ist das Ausreitgelände rasch und sicher erreichbar?

Ein langer Anmarsch über Straßen (mit u. U. starkem Autoverkehr), enge Brücken oder unter niedrigen Unterführungen hindurch beeinträchtigt das Vergnügen und erhöht das Risiko.

Der Stall

Das Bild, das man sich von einem Ausbildungsbetrieb macht, wird durch einen Gang durch den Stall abgerundet. Um auch hier keine Gefahrenquelle zu übersehen, gilt es, auf die folgenden Einzelheiten zu achten:

Der Boden der Stallgasse muß rutschfest sein, die Breite der Stallgasse mindestens 2,50 m betragen. Die Außentüren müssen für Großpferde mindestens 1,10 m breit und 2,50 m hoch sein. Auch die Boxentüren müssen breit genug, ihr Verschluß ausreichend gesichert sein und der Tür auch zum Fußboden hin Halt geben, so daß die Pferde sie beim Wälzen nicht nach außen drücken können. In dem dabei entstehenden Zwischenraum kann leicht ein Bein steckenbleiben. Das gleichsam in einer Mausefalle gefangene Pferd gerät in Panik und bringt nicht nur sich in Gefahr, sondern auch den Menschen, der es befreit (Abb. 21).

Glasfenster werden so hoch angebracht, daß das Pferd sie nicht erreichen kann, oder mit Gittern abgesichert, die Decke ist mindestens 3 m hoch. Trennwände zwischen den Pferden sind so geschaffen, daß

Abb. 21. Solche Unfälle können unzureichend gesicherte Boxentüren verursachen.

zwar Sicht- und Schnupperkontakt, aber keine Bißgefahr besteht. Dasselbe gilt für die Begrenzung zur Stallgasse. Gitterstäbe bzw. Drahtgeflechte müssen eng genug sein (max. 5,5 cm Zwischenraum), damit die Hufe nicht hängenbleiben können. Im Stall dürfen keine Gegenstände wie Eimer, Besen, Mistgabeln, Rechen oder gar Flaschen herumliegen. Hervorstehende Gegenstände wie Wasserhähne, Stromleitungen, Leitern, Luken müssen abgesichert sein.
Ein gleichmäßiges, dem Tageslicht ähnliches Licht ist nicht nur dem Wohlbefinden des Pferdes, sondern auch der Sicherheit des Menschen bei der Arbeit im Stall dienlich.
Achten Sie auch darauf, ob die Telefonnummern von Arzt und Feuerwehr

deutlich sichtbar angeschlagen sind. Ist im Stall selbst kein Telefon vorhanden, darf auch der Hinweis auf die nächstgelegene Fernsprechmöglichkeit nicht fehlen.
Außerdem gehört zur kompletten Stalleinrichtung natürlich ein Verbandskasten für Erste-Hilfe-Leistungen sowie ein Feuerlöscher.
Ein Blick in die Sattelkammer vervollständigt Ihre Betriebsbesichtigung. Sind Sattel- und Zaumzeug in gutem Pflegezustand und ordentlich untergebracht und haben Sie ansonsten keine schwerwiegenden Mängel festgestellt, so sind Sie in diesem Reitbetrieb bestimmt gut aufgehoben.

Die Grundausbildung des Reiters

Dauer und Zielsetzung

Eine solide, umfassende Grundausbildung des Anfängers in einem guten Ausbildungsbetrieb ist die beste Unfallversicherung für den Reiter. Diese Grundausbildung dauert durchschnittlich ein Jahr, wenn der Schüler regelmäßig zweimal in der Woche Reitunterricht nimmt. Das sind insgesamt ca. hundert Stunden. Während dieses ersten Jahres gilt er als Anfänger und darf nicht ohne Aufsicht reiten. Auch Ausritte sind erst etwas für den Fortgeschrittenen. Manchem mag die Zeit des Anfängerstadiums sehr lang angesetzt erscheinen – sie ist es nicht, wenn man bedenkt, welche Vielzahl an Kenntnissen und Fertigkeiten erlernt werden müssen! Hinzu kommt, daß diese nur durch viel Übung und Erfahrung so weit gefestigt werden können, daß Fehlreaktionen ausgeschaltet sind. Mit der Grundausbildung wird die Grundlage für jedes weitere Lernen geschaffen, das gerade im Reitsport nie aufhört.
Die folgende Liste will Anhaltspunkte dafür geben, was im ersten Ausbildungsjahr auf dem Programm stehen sollte (viele Einzelpunkte werden hier nur erwähnt und in den Kapiteln „Der Umgang mit dem Pferd" und „Das Verhalten beim Reiten" genauer behandelt):

- Umgang mit dem Pferd (Stall, Führen usw.)

- Satteln und Trensen
- Verpassen der Bügel
- Auf- und Absitzen
- geschmeidiger, sicherer und annähernd korrekter Sitz in allen drei Grundgangarten
- Leichttraben
- Anreiten, Antraben, Angaloppieren
- Durchparieren von einer höheren zu einer niedrigeren Gangart bzw. zum Halten
- treibende und verhaltende Hilfen
- Zusammenwirken dieser Hilfen
- einseitig wirkende Hilfen
- Handhabung der Gerte
- Vorhandwendung, Schenkelweichen
- Reiten auf großen gebogenen Linien, Zirkel, Schlangenlinien
- Wegreiten von der Gruppe in allen drei Grundgangarten
- leichter Sitz
- Reiten über Cavalettis, ev. kleinere Sprünge
- Reiten in der offenen Bahn
- Bahnordnung und Sicherheitsvorschriften
- die wichtigsten Hufschlagfiguren

Anfangsphase: Longenstunden

Noch vor der ersten Longenstunde erhält der Anfänger eine gründliche praktische und theoretische Unterweisung über das Verhalten im Stall und den Umgang mit dem Pferd. Auch Putzen, Satteln und Trensen sollten dazugehören. Es folgt das richtige Führen des Pferdes und das Zeigen sowie das Üben des Auf- und Absitzens. Je nach Alter, Eignung und Verhalten des Schülers sind fünf bis zehn Longenstunden anzusetzen. Bewährt haben sich hier auch Gruppen von bis zu fünf Schülern, die während einer Stunde nacheinander longiert werden. In diesem Fall sollte jedoch die Mindestzahl der Longenstunden nicht unter zehn liegen. Diese Longenstunden in der Gruppe können gegenüber Einzelstunden sogar einen gewissen Vorteil haben: Man sitzt kürzere Zeit auf dem ungewohnten Pferderücken, holt sich also auch weniger leicht einen unangenehmen Muskelkater; außerdem ist es interessant und lehrreich zuzusehen, wie sich die anderen verhalten. Vor allem für Kinder, die in der Regel weniger Ausdauer und Konzentrationsvermögen mitbringen als Erwachsene, kann der Unterricht in der Gruppe abwechslungsreich und anspornend zugleich sein.

Was soll der Schüler an der Longe schrittweise lernen?

- Balance und Sitzen im Schritt (anfangs vorne festhalten, abwechselnd die eine Hand loslassen, dann die andere und schließlich beide)
- Freiübungen im Schritt
- Leichttraben, anfangs ebenfalls mit Festhalten, Fortschreiten wie im Schritt
- Aussitzen im Wechsel mit Leichttraben, erst mit, dann ohne Festhalten
- Freiübungen im Trab (Aussitzen): Gleichgewichtsschulung
- Leichttraben auf dem richtigen (inneren) Hinterfuß und Fußwechseln
- Wiederholung des Vorangegangenen: Festigung, Verbesserung
- Treibende Hilfen: selbst anreiten und antraben
- Zügelhilfen (verhaltende Hilfen): selbst durchparieren
- Galoppieren: erst mit Festhalten, dann ohne, zuletzt mit Zügeln
- Angaloppieren
- Haltung und Wechsel der Gerte

Zusammengefaßt: Am Ende des Longenunterrichts sollte der Anfänger in allen Grundgangarten ausbalanciert sitzen und leichttraben können, wobei der Geschmeidigkeit der absolute Vorrang vor der Korrektheit zu geben ist. Der Sitz sollte unabhängig von der Zügelführung (kein Festhalten an den Zügeln) sein. Ferner muß der Schüler die grundsätzlichen Funktionen des „Gasgebens“ (treibende Hilfen) und des „Bremsens“ (verhaltende Hilfen) erfaßt haben und die Gerte richtig einsetzen können.

Anfängerunterricht ohne Longe

Selbstverständlich findet dieser Unterricht, wie der Longenunterricht, in der Halle statt. Drei bis fünf Einzelstunden (bis zu drei Reiter) sind nach dem Unterricht an der Longe am sinnvollsten. Beim anschließenden

Gruppenunterricht darf die Anzahl der Teilnehmer acht bis zehn nicht überschreiten. In jedem Fall sollte ein besserer Reiter die Spitze übernehmen.
Zu achten ist auf das Einhalten der Sicherheitsabstände (2 bis 4 Pferdelängen): Zu kleine Abstände können die gefährliche Situation des Aufreitens und Ausschlagens der Pferde verursachen, zu große die, daß ein Pferd dem Vorderpferd unvermittelt und unkontrollierbar nachrennt.
Anfangs wird das Reiten im Schritt und im Trab ohne Longe geübt.
Da beim Galoppierenlassen von Anfängergruppen erfahrungsgemäß besonders viel passiert, müssen folgende Vorbereitungsmaßnahmen beachtet werden: a) Das Angaloppieren und Galoppieren an der Longe muß vorher ausreichend geübt worden sein; b) das Wegreiten von der Gruppe ist erst einmal im Schritt und im Trab zu üben.
Erst dann läßt der Reitlehrer die gesamte Gruppe im Schritt auf dem dritten Hufschlag (einen Schritt neben dem zweiten) reiten, fordert den letzten Reiter auf, von hinten auf dem äußeren Hufschlag vorbeizugaloppieren, in der Höhe des zweiten Reiters zum Trab durchzuparieren und im Schritt – unter Wahrung des Sicherheitsabstandes – vor den Anfangsreiter zu gehen (Abb. 22). Erst wenn diese Übung, die als Aufgabenstellung klar und unmißverständlich angeordnet sein muß, von allen sicher beherrscht wird, läßt der Reitlehrer Zweier- bis Dreier-Gruppen von vorn bis ans Ende der Gruppe galoppieren. Dabei übt er mit seinen Schülern

Abb. 22. Die Gruppe geht im Schritt auf dem dritten Hufschlag. Ein Reiter galoppiert außen auf dem ersten Hufschlag vorbei und schließt sich vorne wieder an.

systematisch das Hintereinanderreiten in Verbindung mit Einzelaufgaben. Die Schüler lernen, ihre Pferde zu beherrschen und zugleich die notwendige Disziplin in der Gruppe zu wahren.
Eine gesamte Gruppe von Anfängern galoppieren zu lassen ist gefährlich und daher unverantwortlich. Der Anfänger kann sein Pferd noch gar nicht genügend unter Kontrolle haben; dieses läuft – seinem Herdentrieb oder plötzlichem Übermut folgend – weg oder macht seinem Bewegungsdrang in Bocksprüngen Luft, die den im Sitz noch ungefestigten Reiter zu Fall bringen können (Abb. 23).
Niemand sollte sich übrigens einreden lassen, daß das Herunterfallen mit zum Reitenlernen gehört. Reiten lernt man nicht durch Fallen! Im Gegenteil: Selbst wenn bei einem Sturz nichts passiert, bewirkt er beim Schüler Ängstlichkeit, Verkrampfung und Fehlverhalten. Ein guter, verantwortungsbewußter Reitlehrer wird deshalb dafür sorgen, daß nichts passiert, daß keiner herunterfällt und kein Pferd wegrennt. Nur so lernen

Abb. 23. Nie eine gesamte Gruppe von Anfängern zusammen galoppieren lassen! Jeder kleine, übermütige Bocksprung eines Pferdes könnte den im Sitz noch ungefestigten Reiter aus dem Sattel bringen.

die Schüler, geschmeidig zu sitzen, richtig einzuwirken, angstfrei und damit sicher zu reiten.
Wenn ein Reitlehrer mitunter laute Kommandos gibt, die sonst nur beim Abteilungsreiten gegeben werden, ist dies im Anfängerunterricht legitim: Die Pferde kennen seine Stimme, die dadurch als Hilfsmittel beim Antraben oder auch in kritischen Situationen sehr nützlich ist. Dasselbe gilt auch von der beruhigenden Wirkung dieser Stimme. Die lange Peitsche allerdings hat im Reitunterricht ohne Longe nichts zu suchen, sie hat schon viele Unfälle verursacht!
Sitz und Einwirkungen im Schritt, Trab und Galopp wird der Reitlehrer immer wieder korrigieren, um so die wichtigste Grundlage für eine sichere Beherrschung des Pferdes zu festigen. Einseitig wirkende Hilfen werden durch Übungen wie Vorhandwendungen, Schenkelweichen und später durch Reiten auf dem Zirkel oder anderen großen gebogenen Linien hinzukommen. Neue Anforderungen sollten vorher im theoretischen Unterricht oder im Halten erklärt, auftauchende Fehler sofort korrigiert werden. Zu welchem Zeitpunkt neue Aufgaben gestellt werden können (vgl. Liste), muß vor allem Ihr Reitlehrer entscheiden, der die Verantwortung trägt und am besten beurteilen kann, was er Ihnen zumuten kann und darf. Drängen Sie ihn also nicht, z. B. nach einem dreiviertel Jahr „endlich“ über einen Sprung reiten zu dürfen! Hierfür müssen Sitz und Einwirkungen schon recht gefestigt und zudem der leichte Sitz erlernt sein. Nehmen Sie vielmehr die Grundvoraussetzungen des Reitens so ernst wie möglich. Stellen Sie Fragen, besuchen Sie den theoretischen Unterricht, und nehmen Sie einmal eine Reitlehre in die Hand, die Ihnen Ihr Reitlehrer gewiß gern empfiehlt. Auch den Umgang mit dem Pferd sollte man pflegen und vertiefen.
Wenn Sie einmal das Gefühl haben „festzuhängen“, gar nicht mehr weiter zu kommen, so ist es keine Schande, dies auch zu sagen. Jeder Reiter kennt dieses Gefühl, und Ihr Reitlehrer wird vollstes Verständnis dafür aufbringen. Ein paar Einzelstunden – die ohnehin so oft wie möglich eingeschoben werden sollten – können weiterhelfen. Eventuell ist auch ein Pferdewechsel bei der Überwindung der Schwierigkeiten nützlich.
Die wichtigsten Ergebnisse der reiterlichen Grundausbildung in Kürze:

- der geschmeidige, sichere, einigermaßen korrekte Sitz im Schritt, Trab und Galopp (einschließlich Leichttraben)
- Anreiten, Antraben, Angaloppieren

- Zusammenspiel der Hilfen (Einwirkungen)
- Durchparieren von einer höheren zu einer niedrigeren Gangart und zum Halten
- das selbständige Reiten von Wendungen
- das Wegreiten von der Gruppe in allen drei Grundgangarten
- der leichte Sitz
- der fachgerechte Umgang mit dem Pferd
- Bahnordnung und Sicherheitsgebote

Der Umgang mit dem Pferd

Allgemeine Verhaltensregeln

Pferde sind im allgemeinen schreckhaft, deshalb sind beim Umgang mit ihnen und in ihrer Nähe ruhiges, besonnenes Verhalten, Übersicht und Wachsamkeit oberstes Gebot. Nie sollte man sich einem Pferd nähern, also an es herantreten oder an ihm vorbeigehen, ohne es mit ruhiger, aber deutlich hörbarer Stimme anzusprechen. Da Pferde oft im Stehen schlafen, ist eine solche „Vorwarnung“ doppelt wichtig.
Auf unbekannte, schrille oder überlaute Geräusche können sie äußerst empfindlich reagieren – so etwa auf das Surren einer Kamera, das ungewohnte Geräusch der Frisiermaschine und anderes mehr. Auch ruckartige, heftige Bewegungen sind unbedingt zu vermeiden. Unbekannte Gegenstände wie Plastiktüten (die dazu gar im Wind flattern), Regenschirme, Planen, Wäsche auf der Leine, ein harmloses Stück Papier, aber auch Gerüche (z. B. Tierarzt, Medikamente, Blut) können ein Pferd in Angst und Schrecken versetzen! Oft ist der Anlaß für den Menschen kaum oder gar nicht wahrnehmbar. Man sollte also auf solche Reaktionen gefaßt sein, ruhig bleiben und dem Pferd Vertrauen einflößen, anstatt es mit eigener Nervosität oder gar Strafen noch mehr zu verängstigen.
Kleinkinder müssen in Pferdenähe sehr sorgfältig beaufsichtigt werden und dürfen keinesfalls in die Reichweite von Hufen oder Zähnen geraten.

Auch ältere Kinder, die im richtigen Verhalten gegenüber Pferden nicht völlig vertraut und verantwortungsbewußt sind, gehören unter Aufsicht. Wildes Herumtoben in Gegenwart von Pferden ist von den Erwachsenen unbedingt zu verhindern.

Hunde gehören weder in den Stall noch in die Reitbahn; sie sollten auf dem Gelände des Reitbetriebs stets an der Leine geführt werden.

Ebenso gefährlich wie Hast und Unvorsicht sind beim Umgang mit Pferden übertriebene Zaghaftigkeit, Angst und Inkonsequenz. Nur wenn das Pferd den Menschen unbedingt als Ranghöheren akzeptiert und respektiert (s. S. 16 ff.), wird es sich vertrauensvoll und berechenbar verhalten.

Betreten Sie jedoch nie die Boxe oder den Ständer eines fremden Pferdes – es könnte zum Schlagen oder Beißen neigen oder einfach einen schwierigen, unberechenbaren Charakter haben, selbst wenn es noch so „lieb“ aussieht! Auch beim Umgang mit dem Ihnen zugeteilten oder gut bekannten Pferd sind Kopf und Hinterbeine im Auge zu behalten, weil man stets darauf gefaßt sein muß, daß ein Pferd plötzlich erschrickt. Vermeiden Sie auch die Anerziehung einer Untugend wie das Futtersuchen in Ihren Taschen – aus dem Herumknabbern wird leicht ein kräftiger Biß. Und achten Sie beim Hantieren am Pferd auf Warnzeichen wie z. B. angelegte Ohren, die Unbehagen ausdrücken.

Wer mit einem Pferd umgeht, sollte diesem seine ungeteilte Aufmerksamkeit widmen und über seine Verhaltensweisen so genau wie möglich informiert sein. Allerdings können weder Lehrbücher noch der theoretische Unterricht die praktische Erfahrung ersetzen, die man durch gründliche Unterweisung im Stall und durch den eigenen Umgang mit Pferden gewinnt. Das richtige Verhalten muß gleichsam zum automatischen Reflex werden.

Außerdem trägt alles, was Sie außerhalb des Reitens mit dem Pferd tun, dazu bei, es kennenzulernen und eine Vertrauensbasis zu schaffen, die Ihnen auch im Sattel zugute kommt. Reiter, die sich das gesattelte und getrenste Pferd übergeben lassen und es nach dem Reiten wieder einem Pfleger in die Hand drücken, verzichten auf eine wesentliche Grundvoraussetzung ihres Sports, die auch ihrer Sicherheit dienlich ist.

Herantreten an das Pferd

Man spricht das Pferd mit ruhiger, deutlich vernehmbarer Stimme an, tritt dann immer von der Seite aus – und zwar von links, weil es daran gewöhnt ist – an es heran. Dabei bewegt man sich ruhig und gelassen und beachtet Hinterbeine, Gesichtsausdruck und Ohrenspiel. Da die Augen des Pferdes seitlich am Kopf liegen, kann es nur von der Seite aus genau sehen. Tritt man von hinten auf es zu, kann es erschrecken und ausschlagen. Wenn man sich von vorn nähert, kann es, zumindest aus der Nähe, ebenfalls nicht scharf sehen. Es muß den Kopf hochwerfen oder rückwärts gehen, um den Reiter erkennen zu können.
Die meisten Pferde werden nicht gern beim Fressen gestört. Auch darauf sollte man Rücksicht nehmen, indem man ihre Futterzeiten respektiert. Steht ein Pferd im Ständer, löst man nach dem Zuruf hinten die Kette

Abb. 24. Pferd im Ständer ganz nach rechts treten lassen und links an ihm vorbei nach vorne gehen.

Abb. 25. Beim Betreten der Box zum Auftrensen sollte das Pferd dem Menschen vertrauensvoll entgegenkommen.

oder sonstige Absperrung, falls diese vorhanden ist. Dann veranlaßt man das Pferd, ganz nach rechts zu treten, damit links genügend Platz entsteht, um seitlich außerhalb der Reichweite der Hinterhufe am Pferd vorbei nach vorn zu gelangen (Abb. 24). Wenn Sie die Boxe eines Pferdes betreten, sollte dieses nach dem Öffnen der Tür und Ihrem Zuruf auf Sie zukommen (Abb. 25). Dies kann man leicht durch Leckerbissen erreichen, die in diesem Fall als Erziehungsmittel durchaus sinnvoll sind. Geben Sie Möhren, Brot oder Vitaminwürfel, aber bitte fachgerecht, mit ausgestreckter Hand, damit Ihre Finger nicht mit zwischen die Zähne geraten! Pferde, die dem Reiter in der Boxe davonlaufen oder sich gar mit der Hinterhand und angelegten Ohren zu ihm stellen, können gefährlich werden. Bitten Sie im Zweifelsfall lieber einen Reitlehrer oder Pfleger um Beistand, als sich auf eine falsch verstandene Mutprobe einzulassen!
Hier noch einmal die wichtigsten Grundregeln:

- deutlich vernehmbares Ansprechen
- immer von der Seite herantreten
- ruhige Bewegungen
- das Pferd beobachten
- Vorsicht bei Unmutsbezeigungen

Führen des Pferdes

Beim Führen des Pferdes achtet man darauf, daß der Pferdekopf sich in etwa gleicher Höhe wie der Kopf der Führperson befindet: Das Pferd darf also weder vorauseilen noch sich nachziehen lassen. Im ersten Fall besteht die Gefahr, daß man die Kontrolle verliert oder gar mitgezogen wird, im zweiten ist die Möglichkeit, das Pferd im Auge zu behalten, verringert.

Geführt wird immer auf der linken Seite, der „Gewohnheitsseite“ des Pferdes; außerdem ist der Mensch mit seiner rechten Hand meist kräftiger und geschickter. Führstrick oder Zügel sind dabei so kurz wie möglich zu fassen, d. h.: Die rechte Hand greift dicht hinter den Trensenring bzw. unter das Halfter, die linke hält das andere Ende von Zügel oder Strick, und zwar so kurz, daß weder Pferd noch die Führperson hineintreten können (Abb. 26). Beim Führen mit Zügeln werden die Zügel vom Hals genommen. Wenn das Pferd gesattelt ist, müssen die Bügel hochgeschoben sein, da sie sonst irgendwo hängenbleiben oder gegen den Pferdeleib schlagen und das Pferd erschrecken könnten. Ausbinder und Stoßzügel sind auszuschnallen und am Sattel zu befestigen. Der Sattelgurt wird zwar nicht ganz fest angezogen (Gefahr des Sattelzwangs!), muß aber so eng sitzen, daß der Sattel nicht herunterrutschen kann (Abb. 27).

Bei schmalen Türen geht die Führperson voraus und läßt Zügel oder Strick lang genug, um dem Pferd einen angemessenen, sicheren Abstand zu ermöglichen (Gefahr, getreten zu werden).

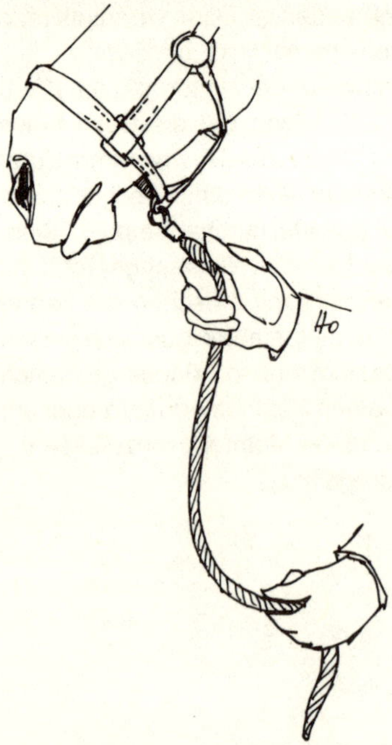

Abb. 26. Richtige Handhaltung beim Führen mit dem Führstrick.

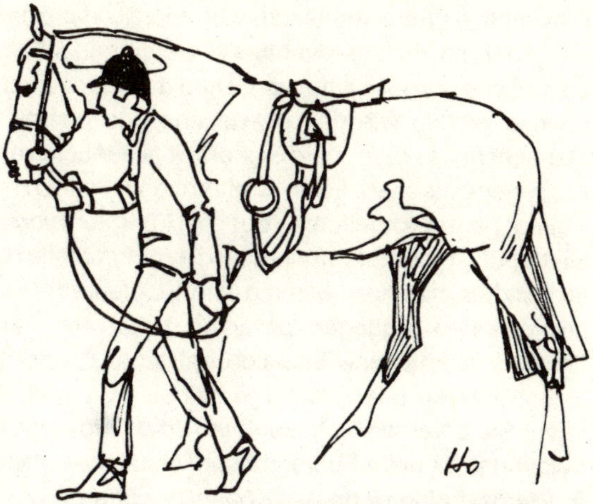

Abb. 27. Richtiges Führen des aufgetrensten und gesattelten Pferdes.

Im Freien ist das Führen mit Trense dem mit Stallhalfter aus Sicherheitsgründen bei weitem vorzuziehen, weil dabei effektiver auf das Pferdemaul eingewirkt werden kann. Beim Führen mit Kandare bleiben die – allzu scharf wirkenden – Kandarenzügel auf dem Hals, das Pferd wird am Trensenzügel geführt. Grundsätzlich ist darauf zu achten, daß der Pferdekopf gerade ist und das Pferd geradeaus geht; nur so kann verhindert werden, daß das Pferd, falls es erschrickt, dem Reiter auf den Fuß tritt, ihn zur Seite drängt oder umrennt.

Sträflicher Leichtsinn ist es, sich Führstrick oder Zügel um die Hand zu wickeln: Beim Erschrecken und Weglaufen des Pferdes kommt man vom Pferd nicht los – ein Bruch der Hand oder gar ein Mitgeschleiftwerden können die Folgen sein (Abb. 28).

Abb. 28. Niemals beim Führen den Führzügel um die Hand wickeln!

Das richtige Führen gehört zur Grundausbildung des Reiters. Wachsamkeit im Hinblick auf eventuelle Gefahrenquellen, auf Gegenstände, Geräusche und Gerüche, vor denen das Pferd erschrecken kann, ist hier ebenso wichtig wie das überlegene und beruhigende Verhalten des Menschen, das dem Pferd Sicherheit gibt. Auch hier gilt: möglichst wenig Aufhebens machen, keine Kraftprobe versuchen, sondern das Pferd in weitem Bogen vorbeiführen oder ein Führpferd vorangehen lassen. Auch ein behutsames Heranführen an den gefürchteten Gegenstand – begleitet von beruhigender Stimme und Klopfen am Hals – kann erfolgreich sein, Strafen hingegen bewirken meist nur Panikreaktionen. Sollte dennoch einmal eine Situation entstehen, in der das Pferd Sie durch Davonstürmen oder Steigen ernsthaft gefährdet, so lassen Sie es los, bevor Sie unter die Hufe kommen oder mitgeschleift werden.
Folgendes ist beim Führen besonders zu beachten:

- Pferdekopf in Höhe des Kopfes der Führperson
- Führperson auf der linken Seite
- Führstrick oder Zügel so kurz wie möglich fassen
- bei engen Ausgängen länger lassen, Führperson geht voraus
- im Freien ist Trense sicherer als Stallhalfter
- Zügel vom Hals nehmen
- Ausbinder und Stoßzügel losschnallen
- Zügel oder Strick nie um die Hand wickeln
- Sattelgurt fest genug anziehen
- bei Erschrecken beruhigen

Anbinden

Da Anbindestrick und Halfter einiges aushalten müssen, ist es wichtig, daß sie robust und in einwandfreiem Zustand sind (s. S. 29). Ein Pferd, das sich plötzlich losreißt, kann nicht nur den Menschen in seiner unmittelbaren Nähe in Gefahr bringen, sondern auch furchtbare Unfälle auf Straßen und Autobahnen verursachen.
Auf der anderen Seite gibt es Situationen, in denen das Pferd möglichst rasch und risikofrei losgemacht werden muß; deshalb ist ein Panikhaken erforderlich: Wenn z. B. ein Pferd im Ständer festliegt, kann es mit einem

Abb. 29. Anbinden mit leicht zu öffnendem Patentknoten an festem Anbindering; Befestigen des Stricks am Stallhalfter mit Panikhaken.

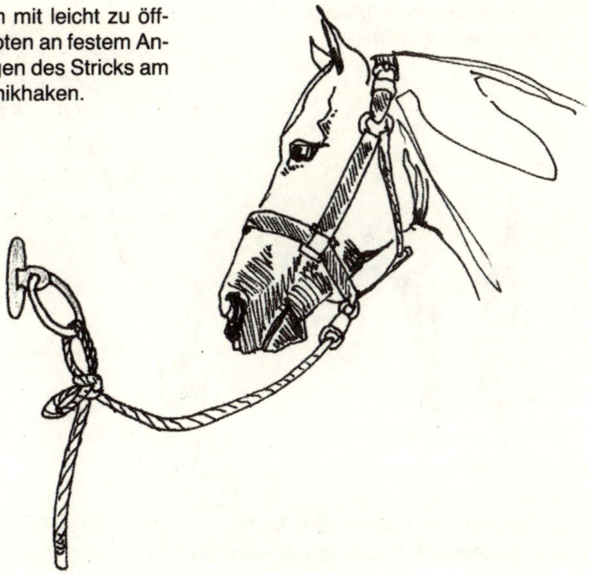

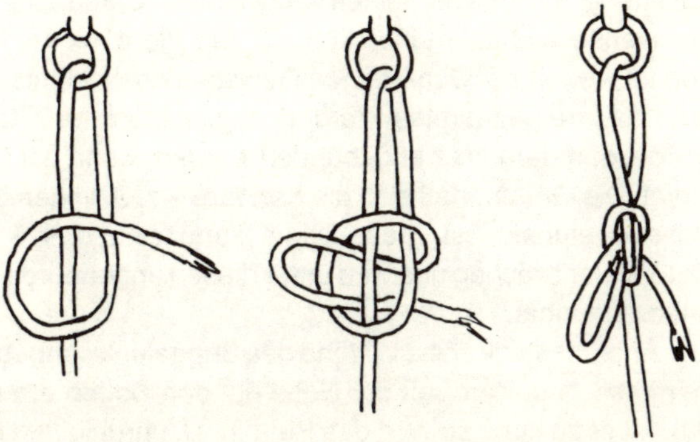

leichten Handgriff befreit werden, bevor es sich in Panik hineinsteigert. Auch bei einem Stallbrand kann diese rasche Befreiungsmöglichkeit wertvolle, ja lebenswichtige Sekunden bedeuten.
Der Anbindeknoten muß leicht aufzuziehen sein, andererseits jedoch nicht aufgehen, wenn ein Pferd daran reißt (Abb. 29).

Abb. 30. Anbindevorrichtung in Höhe des Buggelenks.

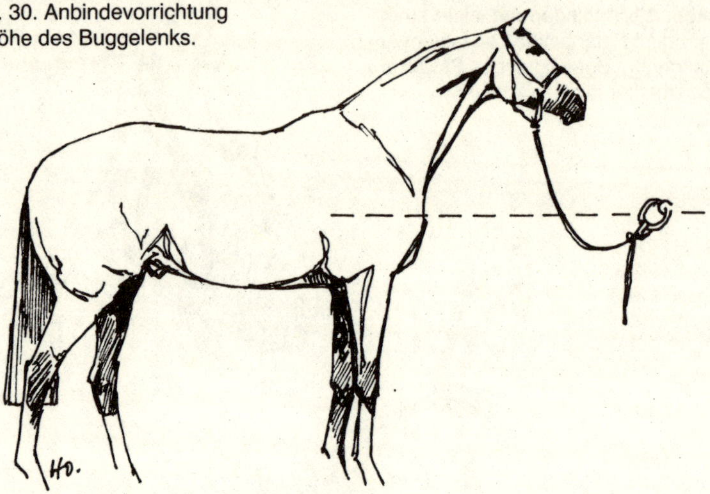

Auf keinen Fall dürfen Pferde am Trensenring oder mit den Trensenzügeln angebunden werden. Wenn das Pferd erschrickt, ruckt es sich mit dem Gebiß selbst ins Maul, empfindet Schmerzen, reagiert darauf panikartig und wird bei seinen verzweifelten Bemühungen freizukommen die Trense leicht zerreißen können. Ein Pferd mit der Kandare anzubinden ist wegen der Schärfe des Gebisses noch leichtsinniger. Selbst ein auf Kandare gezäumtes Pferd, dem zusätzlich ein Stallhalfter angelegt wurde, darf daran nur angebunden werden, wenn der Reiter in der Nähe bleibt. Die Gefahr, daß sich die Kandare – z. B. in den Gitterstäben einer Boxe – einhakt, ist groß. Dabei kann sich das Pferd den ganzen Unterkiefer brechen und wird unter diesen ungeheuren Schmerzen völlig unberechenbar.

Der Anbindestrick sollte in Höhe des Buggelenks angebracht und so lang sein, daß das Pferd mit der Nase gut den Boden erreichen kann (Abb. 30). Ist er zu kurz, so wird das Pferd u. U. unruhig und beginnt am Strick zu reißen. Der Strick darf auf der anderen Seite nicht so lang oder zu tief angebracht sein, daß das Pferd in ihn hineintreten und sich verwickeln kann, was ebenfalls Angstreaktionen und Verletzungen geradezu herausfordert.

Sehr wichtig ist auch der Gegenstand, an dem das Pferd angebunden wird. Das stabilste Halfter und der solideste Anbindestrick nützen nichts, wenn das Pferd an einem Gegenstand „befestigt" wird, der leicht nachgibt, reißt oder bricht. Auf gar keinen Fall geeignet sind Geländer, Planken, Zäune, Wasserrohre, Pfosten oder gar Stacheldraht. Auch an einem Baumstamm sollten Pferde niemals angebunden werden: Der Strick rutscht nach unten, und das Pferd reißt dagegen, zudem entsteht die Gefahr, daß das Pferd in ihn hineintritt (Abb. 31).

Der Gegenstand, an dem Sie das Pferd anbinden, muß stabil und fest sein. Am besten geeignet ist ein fest in einer Mauer verankerter Anbindering.

Auch die verbreitete Gewohnheit, Pferde in der Stallgasse an den Gitterstäben einer Boxe anzubinden, birgt Gefahren. Wirklich sicher ist dies nur, wenn sich in der betreffenden Boxe kein Pferd befindet. Da Pferde gesellige Tiere sind, werden sie versuchen, Kontakt miteinander aufzunehmen. Entweder kommt es zu „Rangordnungskämpfen", bei

Abb. 31. Gefahr durch Anbinden des Pferdes an einem Baumstamm.

denen sich die beiden Kontrahenten durch die Gitterstäbe hindurch oder über diese hinweg beißen, dabei steigen, schlagen und äußerst unruhig sind. Oder aber die beiden wollen miteinander spielen und versuchen ebenfalls mit allen Mitteln, die störende Trennwand zu überwinden.
Häufig zieht das in der Boxe stehende Pferd den Anbindestrick zu sich herein und knabbert an ihm herum, bis er so dünn wird, daß das Loskommen ein leichtes ist.
Was auch immer die Ursache für die enge Kontaktaufnahme zwischen zwei Pferden sein mag – sie bewirkt Unruhe und Unaufmerksamkeit. Daß sich ein Pferd in diesem Fall mehr auf den Artgenossen als auf den Menschen konzentriert, ist verständlich, aber nicht ungefährlich.
Wenn Berührungskontakt schon trotz der Abgrenzung durch Gitterstäbe einer Boxe nicht ganz ohne Risiko ist, so muß er zwischen mehreren Pferden, die in der Stallgasse oder draußen angebunden sind, unbedingt vermieden werden. Die Sicherheitsabstände zu anderen Pferden sind streng einzuhalten, so daß sich weder Köpfe noch Hufe zu nahe kommen können.
Die meisten Pferde allerdings fühlen sich wohler und verhalten sich ruhiger, wenn sie nicht völlig allein, sondern in Sicht- und Hörkontakt zu anderen Pferden angebunden stehen.
Überlassen Sie dabei Ihr Pferd niemals längere Zeit sich selbst: Unbeaufsichtigt kann es trotz aller Vorsichtsmaßnahmen leicht etwas anstellen, z. B. seinen Anbindestrick so lang beknabbern, bis er endlich reißt!
Beim Anbinden im Freien muß der Anbindeplatz sorgfältig geprüft werden: Glasscherben oder Flaschen dürfen ebensowenig herumliegen wie scharfkantige Gegenstände, Nägel u. a. Der Boden darf nicht rutschig sein. Eine laute, ungewohnte Geräuschkulisse, wie z. B. das Rattern eines Traktors, kann das Pferd erheblich ablenken und beunruhigen.
Unruhe wird im Sommer auch häufig durch lästige Insekten hervorgerufen, nach denen viele Pferde wie besinnungslos beißen und schlagen. Verwenden Sie ein Spray oder Petroleum, um das Pferd von den Plagegeistern zu befreien und sich selbst davor zu schützen, einen Biß oder Huftritt abzubekommen.
Das richtige Anbinden in Kürze:

- stabiles Halfter und robuster Anbindestrick mit Panikhaken
- Anbindeknoten: fest, aber leicht aufziehbar

- nie an Trensenring, Zügeln oder mit Kandare anbinden
- Anbindestrick in Höhe des Buggelenks, weder zu lang noch zu kurz anbringen
- Anbindevorrichtung: stabil und fest (fest verankerter, stabiler Anbindering)
- Vorsicht beim Anbinden an Gitterstäben einer Boxe
- beim Anbinden mehrerer Pferde Sicherheitsabstände beachten
- Anbindeplatz frei von Verletzungsgefahren
- Schutz gegen Insekten im Freien

Putzen und Hufeauskratzen

Sachgerechtes Putzen will gelernt sein und bedarf einer gründlichen, fachkundigen Anleitung. Wer sich dabei falsch verhält, dem Pferd aus Unkenntnis oder Ungeschick Schmerzen zufügt oder es erschreckt, begibt sich in Gefahr.
Zum Putzen wird das Pferd selbstverständlich angebunden (s. o.). Eine wichtige Voraussetzung ist das richtige Putzzeug, bestehend aus: Striegel (nicht zu scharf – kein Kuhstriegel!), Kardätsche, Reißkardätsche (Wurzelbürste), zwei Schwämmen (einer für Augen und Nüstern, der andere für Geschlechtsteile, Unterseite der Schweifrübe und After), Wollappen, Hufkratzer, Huffett und Pinsel (Abb. 32).
Dieses Handwerkszeug, das intakt und sauber sein muß, sollte beim Putzen an einem Ort zusammenliegen, am besten in einer Putzkiste, die nahe genug beim Pferd, aber zugleich so stehen muß, daß dieses nicht hineintreten kann. Wenn das Putzzeug verstreut herumliegt, kann man darüber stolpern und irritiert zudem das Pferd durch unnötiges Herumlaufen.
Beim Putzen wird auf der linken Seite begonnen und immer von vorn nach hinten vorgegangen. Das Pferd muß Sie dabei sehen können. Bleiben Sie aber so nahe wie möglich am Pferd: Sollte es einmal ausschlagen, bekommt man nicht die volle Wucht des Schlages ab, sondern wird von ihm weggeschleudert. Stellen Sie sich auch nie hinter das Pferd. Beim Säubern von After und Schweifrübe, beim Waschen und Verlesen des Schweifes steht man seitlich in Höhe der Kruppe (Abb. 33).

Abb. 32 a. Ordentliches Putzzeug.

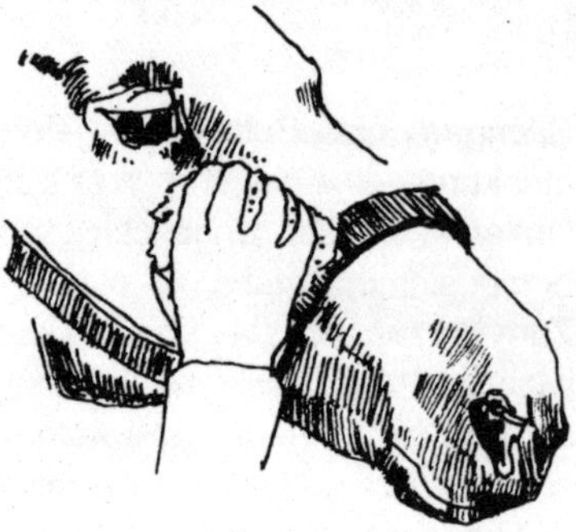

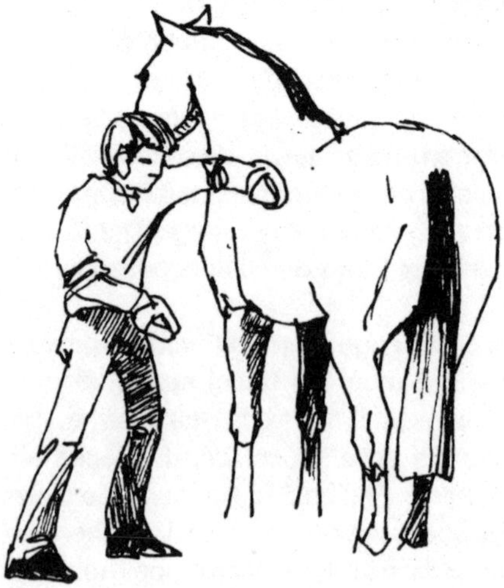

Abb. 32 b. Korrekter Putzvorgang.

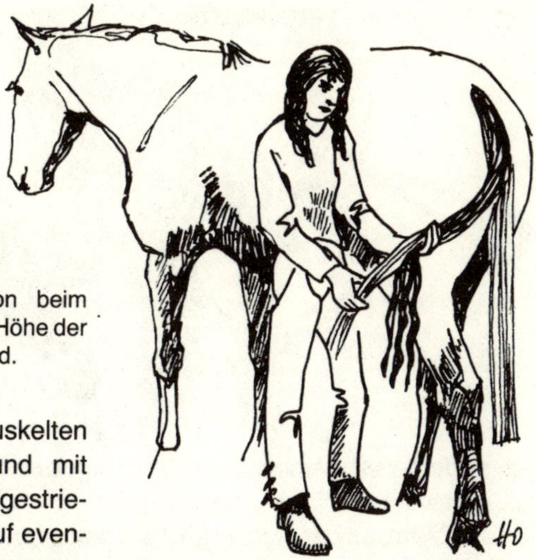

Abb. 33. Richtige Position beim Schweifverlesen: seitlich in Höhe der Kruppe und nahe beim Pferd.

Zuerst werden alle bemuskelten Körperteile entgegen und mit dem Haar kräftig durchgestriegelt. Achten Sie dabei auf eventuelle kleine Hautverletzungen, die beim Putzen natürlich tabu sind! Auch an den unbemuskelten, knochigen Körperteilen (Gliedmaßen vom Vorderfußwurzelgelenk und Sprunggelenk abwärts, Kopf, hoher Widerrist und abstehende Hüftknochen) hat der Striegel nichts zu suchen.

Nach dem Durchstriegeln wird für die linke Seite des Pferdes die Kardätsche in die linke, der Striegel in die rechte Hand genommen. Bei der rechten Seite ist es umgekehrt. Mit langen, ruhigen Strichen wird das Pferd von vorn nach hinten gründlich durchgebürstet, wobei die Kardätsche dauernd in Richtung Fingerspitzen am Striegel abgestrichen wird. Der Striegel wird .immer wieder ausgeklopft. Die Mähne wird mit der Reißkardätsche durchgebürstet.

An wirklich warmen Sommertagen kann man das ganze Pferd abwaschen. Wenn Sie es mit einem Schlauch abspritzen, achten Sie sehr genau darauf, daß es nicht erschrickt und der Strahl nicht zu scharf ist. Scharf darf der Strahl nur für die Beine sein, bei den übrigen Körperteilen ist er so weit zu reduzieren, daß er für das Pferd nicht unangenehm ist. Der Kopf darf auf keinen Fall abgespritzt werden, sondern ist vorsichtig mit dem Schwamm zu säubern. Niemals darf Wasser in Augen und Ohren kommen.

Vorsicht ist auch beim Säubern der Geschlechtsteile geboten, an denen

Abb. 34. Richtiges Hufeauskratzen.

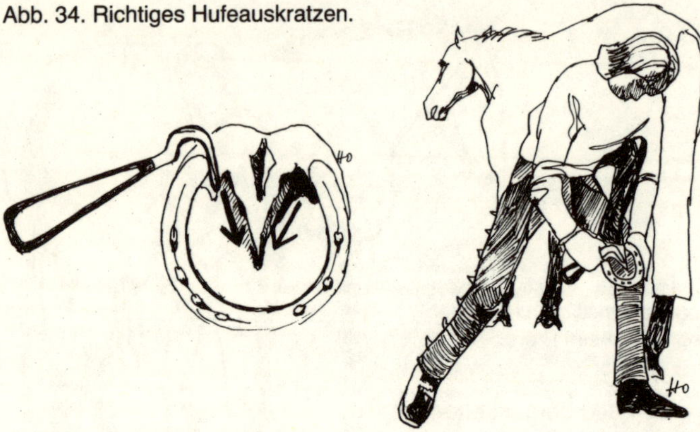

viele Pferde sehr empfindlich sind. Benutzen Sie einen Schwamm oder den schwachen Wasserstrahl.

Das Auskratzen der Hufe erfolgt am besten immer in derselben Reihenfolge, damit sich das Pferd an diese gewöhnt und seine Hufe bald willig ganz von selbst hochhebt. Der Huf wird vom Körper weg in Richtung Hufspitze gesäubert, wobei sorgsam darauf zu achten ist, daß das Horn nicht verletzt wird.

Stehen Sie beim Reinigen der Hufe – wie beim anschließenden Einfetten – immer seitlich zum Pferd und niemals vor oder hinter dem Bein, das Ihnen einen recht unsanften Stoß versetzen könnte. Auch darf der Huf weder zu weit hochgehoben, noch zu weit nach hinten herausgezogen werden (Abb. 34).

Die Grundregeln des richtigen Putzens:

- vollständiges, intaktes und sauberes Putzzeug, das nicht verstreut herumliegen darf
- auf der linken Seite des Pferdes beginnen und von vorn nach hinten putzen
- Striegel nur an bemuskelten Körperteilen und nie an Hautverletzungen einsetzen
- immer möglichst nahe und seitlich zum Pferd stehen
- Abspritzen im Sommer: scharfer Strahl nur an den Beinen, nie den Kopf abspritzen, kein Wasser in Augen und Ohren lassen
- Auskratzen der Hufe: Horn nicht verletzen, niemals hinter oder vor dem Bein stehen

Abb. 35. Der Reiter legt zum Tragen den Sattel auf den linken Arm, der Gurt ist von rechts nach links übergeschlagen.

Satteln und Trensen

Wie ist es mit der Reihenfolge? Zuerst satteln oder trensen? – Das richtet sich danach, ob ein Pferd im Ständer oder in der Boxe steht. Im Ständer wird das Pferd zuerst gesattelt, in der Boxe zuerst getrenst. So kann es in keinem Fall weglaufen.
Zum Satteln nimmt der Reiter den Sattel auf den linken Arm, der Sattelgurt ist dabei von rechts nach links übergeschlagen (Abb. 35). Dann tritt er von links ans Pferd und spricht es ruhig an. Der Sattel wird möglichst weit vorne sanft aufgelegt und nach hinten in die Sattellage geschoben, damit das Fell glatt liegt. Zwischen der Vorderkante des Sattels und dem Ellbogenhöcker muß eine Handbreit Platz sein. Kontrollieren Sie auch von der rechten Seite aus, ob Sattel und Sattelunterlage glatt liegen. Dann den Sattelgurt herunterlassen, aber nicht gegen die Beine schlagen! Der Gurt wird so festge-

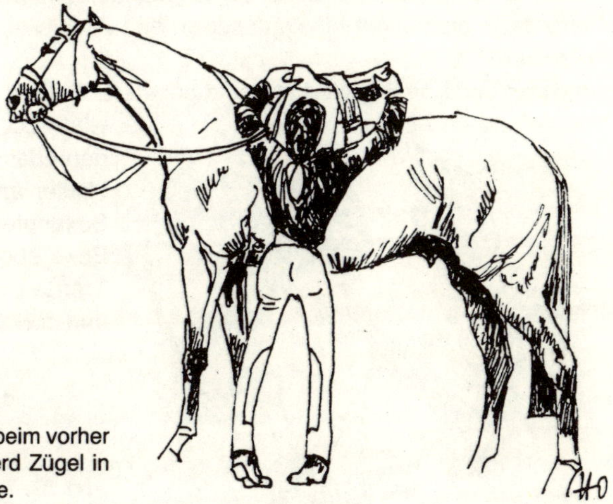

Abb. 36. Satteln; beim vorher aufgetrensten Pferd Zügel in die Ellbogenbeuge.

schnallt, daß das Pferd sich nicht verkrampft, muß aber fest genug sein, um zu verhindern, daß der Sattel beim anschließenden Führen rutscht (Abb. 36).

Beim Trensen stellt sich der Reiter an die linke Seite des Pferdekopfes, hält Kopfstück, Zügelschnalle und Nasenriemen der Trense in der rechten Hand und legt den Handballen über die Nase des Pferdes. Die linke Hand schiebt das Trensengebiß ins Maul. Macht das Pferd das Maul nicht auf, so steckt man den Daumen in die zahnlose obere Maulspalte. Das Genickstück wird über die Ohren geschoben, der Nasenriemen heruntergelassen, die Zügel werden über den Hals und die Schopfhaare übers Stirnband gelegt. Der Stirnriemen muß gerade sitzen, ohne die Ohren einzuklemmen. Auch der Nasenriemen muß gerade sein, das Gebiß richtig an den Maulwinkeln anliegen, ohne diese in die Höhe zu ziehen. Zwischen der unteren Kante des Nasenriemens und dem oberen Nüsternrand soll ein etwa drei Finger breiter Zwischenraum sein. Bei geschlossenem Kinnriemen darf das Gebiß im Maul nicht hochgezogen werden; ein zu tief liegender Nasenriemen dagegen würde die Atmung behindern. Der Kehlriemen muß so verschnallt sein, daß eine Handbreit Luft bleibt. Zwischen Kinnriemen und Kinn sollen zwei flach angelegte Finger Platz haben. Wenn der Kehlriemen zu eng ist, spannt er, sobald das Pferd am Zügel geht. Ist der Kinnriemen zu eng, so behindert er die Maultätigkeit; ein zu weiter Kinnriemen verleitet das Pferd dazu, sich durch Maulaufsperren den Zügelhilfen des Reiters zu entziehen.

Absatteln und Abtrensen erfolgt in umgekehrter Reihenfolge: Im Ständer wird zuerst abgetrenst, dann das Pferd sofort am Halfter angebunden. Das Boxenpferd wird vor der Boxe abgesattelt, mit der Trense in die Boxe geführt und dort abgetrenst.

Abb. 37. Trensen.

Wichtig für das Satteln und Trensen:

- gründliche Anleitung und Übung
- im Zweifelsfall einen Fachmann um Kontrolle bitten
- falsch aufgelegter Sattel und falsch sitzende Trense können Ihre Sicherheit beim Reiten wesentlich beeinträchtigen

Bewegen des Pferdes ohne Reiter

Die freie Bewegung ohne Sattel und Reiter, auf der Koppel oder in der Halle, ist für das Pferd eine wohltuende Abwechslung, für den Menschen allerdings gefahrenträchtiger, als es auf den ersten Blick erscheinen mag.
Ein Pferd, das den Weg zur Koppel kennt oder andere Pferde sieht, die dort bereits herumlaufen, neigt dazu, wegzurennen oder übermütige Sätze zu machen. Dabei ist es auch deshalb schwerer zu beherrschen, weil es beim Führen auf die Koppel nur das Stallhalfter mit Führstrick tragen sollte. Das Abnehmen der Trense wäre schwieriger und gefährlicher als das einfache Lösen des Panikhakens. Bei einem heftig reagierenden Pferd ist es sinnvoll, den Strick von links nach rechts über die

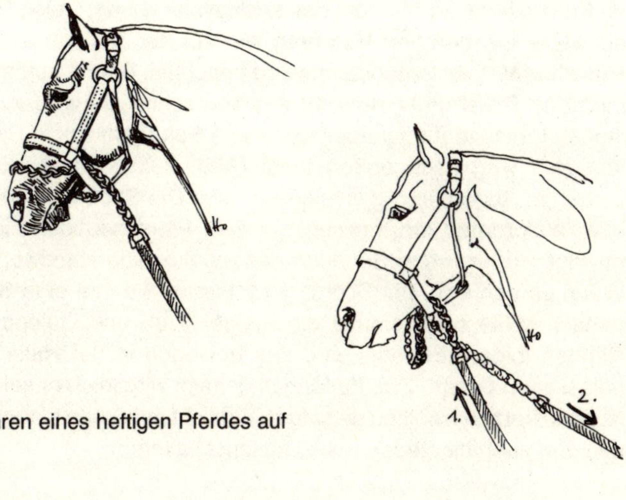

Abb. 38. Führen eines heftigen Pferdes auf die Koppel.

Nase durch das Halfter zu ziehen, um eine größere Einwirkungsmöglichkeit zu erzielen (Abb. 38). Benimmt es sich allzu stürmisch, und haben Sie das Gefühl, es nicht ganz unter Kontrolle halten zu können, so überlassen Sie das Führen einem anderen, der mehr Erfahrung hat.

Der gefährlichste Moment ist immer dann, wenn Sie mit dem Pferd die Koppel betreten, die seinen Lauftrieb unwiderstehlich anregt. Hier sollte man das Pferd nie sofort loslassen, sondern es noch eine Weile halten, damit es lernt, daß der Mensch den Zeitpunkt der ersehnten Freiheit bestimmt. Dabei muß die Führperson vor dem Pferd stehen. Vor dem Loslassen dreht man den Kopf des Pferdes zu sich hin und tritt dann beim Loslassen rasch so weit zurück, daß zum Pferd mindestens eine Pferdelänge Abstand besteht. Es könnte sich nämlich blitzschnell umdrehen und übermütig auskeilen. Die geschilderten Vorsichtsmaßnahmen bewahren Sie davor, von den Hufen getroffen zu werden.

Auch das Einfangen eines Pferdes auf der Koppel ist nicht immer unproblematisch. Pferde, die weglaufen, wenn der Mensch die Koppel betritt, sollten mit Geduld und Leckerbissen daran gewöhnt werden, zu ihm hinzugehen. Aber auch dann ist Wachsamkeit am Platz! Nachdem es sich seinen Leckerbissen abgeholt hat, kann das Pferd im Nu wieder kehrtmachen und ausschlagen.

Erst wenn es ganz ruhig stehen bleibt, befestigt man den Führstrick und führt es zum Stall.

Im Prinzip birgt der Moment des Loslassens vor der freien Bewegung in der Halle die gleichen Gefahren wie auf der Koppel, also sind auch dieselben Vorsichtsmaßnahmen zu beachten. Beim Laufen in der Halle muß das Pferd unter Aufsicht des Menschen stehen, der es mit der langen Peitsche (Longierpeitsche) vom Sprunggelenk in Richtung Kopf von sich weg nach außen treibt (Abb. 39). Spiegel müssen dabei verhängt, Außentüren geschlossen sein. Die Stimme wirkt beruhigend bzw. auffordernd ein. Lassen Sie dem Pferd genügend Zeit, sich zu bewegen. Vergessen Sie auch das regelmäßige Handwechseln nicht. Wenn es von sich aus Schritt geht, lassen Sie ihm eine Schrittpause, danach sollte noch einmal ein ruhiger Trab und Galopp auf beiden Händen folgen. Beendet wird das Bewegen in der Halle im ruhigen, gelassenen Schritt. Das Einfangen danach wird leichter sein als auf der Koppel, trotzdem sollten dieselben Vorsichtsmaßregeln angewandt werden, um auch hier jedes Risiko auszuschalten.

Abb. 39. Beim Laufenlassen des Pferdes in der Halle weist man es mit der Longierpeitsche von sich weg.

Die wichtigsten Regeln beim Freilaufenlassen:

- bei heftigen Pferden Führstrick über die Nase
- die beschriebenen Vorsichtsmaßnahmen beim Loslassen und Einfangen streng beachten

Verladen und Transport

Das Verladen und Transportieren von Pferden in einem Hänger ist heute weit verbreitet. Nicht nur Turnierreiter, sondern auch Jagdreiter, die eine Jagd an einem weiter entfernten Ort mitreiten wollen, Teilnehmer an Gelände- und Distanzritten, Reiter, die ihre Pferde mit in die Ferien nehmen oder einen Ausritt in einem entfernter gelegenen, schönen Gelände machen wollen, nehmen die praktische Möglichkeit wahr, ihr Pferd an einen beliebigen Ort zu fahren.

Die erste Voraussetzung für den sicheren Pferdetransport ist, daß Hänger und Anhängerkupplung intakt sind und den Sicherheitsvorschriften voll genügen. Der Belag der Verladerampe muß rutschfest sein. Und vor jeder Fahrt sind Bremslichter, Auflaufbremse, Blinker und Hängerkupplung sorgfältig zu überprüfen.

Erfahrungsgemäß sind Einpferdehänger für viele normale Großpferde zu eng: Sie fühlen sich darin unwohl und betreten sie daher höchst ungern. Ein Eineinhalb-Pferdeanhänger (für Stuten und Fohlen) ist für den Transport einzelner Großpferde vorzuziehen.

Der Platz zum Ein- und Ausladen muß gut ausgesucht sein: Der Boden darf nicht rutschig sein, es dürfen sich keine gefährlichen Gegenstände oder verkehrsreiche Straßen in unmittelbarer Nähe befinden; Pferde, die sich dagegen wehren, einen Hänger zu betreten, die rückwärts rennen, zur Seite springen oder steigen, sind ein unberechenbarer Risikofaktor für alle Beteiligten.

Deshalb muß am Anfang alles unternommen werden, um ein solches Verhalten zu verhindern. Vor allem gilt es, dem Pferd die Angst vor dem unbekannten Transportmittel zu nehmen. Die Zeit und Geduld, die dabei erforderlich sind, machen sich beim nächsten Verladen bezahlt.

Eine dem Pferd vertraute Person, die auch seine kleinen Eigenheiten kennt, führt es an die Rampe heran und läßt es diese ausgiebig beschnuppern. Weigert es sich, an die Rampe heranzutreten, führt man es behutsam in einem großen Kreis zurück und wieder heran. Die beruhigende Stimme und ein Klopfen am Hals tragen dazu bei, dem Pferd Vertrauen einzuflößen, während lautes Gebrüll oder das „Nachhelfen“ mit der Peitsche, Besenstielen u. a. seine Angst nur steigern.

Steht das Pferd schließlich ruhig vor der Rampe, sind folgende Grundregeln zu beachten:

- Das Pferd wird zuerst mit den Vorderbeinen auf die Rampe gestellt.
- Die Führperson geht voraus, darf aber nicht am Strick ziehen.
- Das Pferd muß unbedingt gerade die Rampe hinaufgehen, damit es nicht seitlich hinuntertreten kann.
- Nach Möglichkeit sollten Helfer an beiden Seiten stehen.
- Die Führperson muß darauf gefaßt sein, daß das Pferd plötzlich einen Satz nach vorn oder zurück macht.
- Das Anlocken mit einer Haferschwinge erleichtert das Hinaufführen.
- Bei hartnäckiger Weigerung wird mit zwei Longen nachgeholfen.
- Befindet sich das Pferd im Hänger, hängt man sofort die hintere Stange ein, erst dann bindet man das Pferd an (Abb. 40).

Abb. 40. Sicheres Verladen.

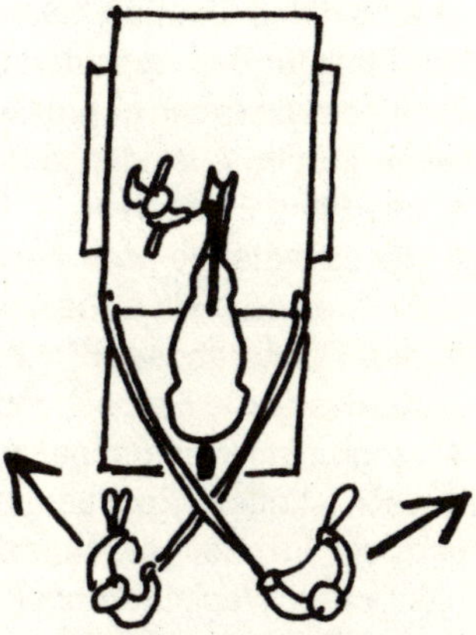

Während des Transports trägt es außer Transportgamaschen nur ein Stallhalfter. Zum Ein- und Ausladen selbst kann ruhig die Trense angelegt werden, da man mit ihr bessere Einwirkungsmöglichkeiten hat. Sie muß aber im Hänger sogleich mit dem Halfter vertauscht werden, weil das Pferd an ihr hängenbleiben und sich verletzen könnte. Der Sattel dagegen darf beim Verladen nie aufgelegt sein (Gefahren des Hängenbleibens).

Es ist wichtig, daß das Pferd sich im Hänger wohl fühlt; ein Futtersack oder -eimer machen ihm die neue Umgebung „schmackhafter". Da Pferde ein sehr gutes Gedächtnis besitzen, werden sie sich an alle positiven, aber auch negativen Eindrücke im Hänger und auf der Fahrt genau erinnern und sich beim nächsten Verladen entsprechend verhalten.

Das gilt selbstverständlich auch für Ihr Fahrverhalten. Mit einem Pferdehänger zu fahren erfordert viel Fingerspitzengefühl, Übung und Rücksicht. Zu vermeiden sind unter allen Umständen:

- ruckartiges Bremsen und Anfahren
- scharfes oder zu schnelles Fahren von Kurven

Höchste Vorsicht und langsames Fahren sind vor Ampeln geboten; beim Umschalten auf Rot müssen der sehr lange Bremsweg und der behutsame, sanfte Bremsvorgang einkalkuliert werden! Man erleichtert übrigens dem Pferd die Gewöhnung an den Transport, wenn man nicht gleich eine Riesenstrecke fährt. Lange Zeit auf dem wackligen Hänger zu stehen bedeutet für das Pferd eine große Anstrengung – es wird Fahrt und Hänger mit unangenehmen Eindrücken verbinden. Eine kürzere „Probefahrt“ zum Eingewöhnen ist für den Anfang das Richtige.

Auch auf andere Verkehrsteilnehmer muß Rücksicht genommen werden. Fahren Sie z. B. lieber an die Seite und lassen Sie andere vorbei, bevor sich deren Unmut in verärgertem Gehupe oder gefährlichen Überholmanövern Luft macht.

Der Platz für das Ausladen muß unter denselben Gesichtspunkten wie der für das Einladen geprüft werden. Vor dem Ausladen ist der Hänger zu fixieren. Beim Ausladen selbst wird wie folgt vorgegangen:

- das Pferd losbinden
- die Querstange ganz herausnehmen, damit sich das Pferd nicht mit Schweif oder Hinterbeinen darin verhaken kann
- das Pferd langsam, mit geradem Kopf und Hals und geradeaus rückwärts die Rampe hinunterführen
- möglichst Hilfspersonal an beiden Seiten aufstellen

Kritisch ist oft die Zeitspanne nach dem Ausladen. Die neue Umgebung und die im Hänger angestaute Spannung können das Pferd zum plötzlichen Weglaufen oder zu übermütigen Sätzen veranlassen. Deshalb: auf der Hut sein und im Zweifelsfall lieber vor dem Ausladen die Trense anlegen!

Geben Sie dem Pferd genügend Zeit, sich an die neuen Eindrücke zu gewöhnen, indem Sie es z. B. putzen, führen, im Schritt gehen lassen, bevor Sie losreiten. Binden Sie es jedoch niemals ohne Aufsicht am Hänger an – die Gefahr, daß es sich losreißt, ist groß. Auch im Hänger sollte es möglichst nicht unbeaufsichtigt stehen. Und vergessen Sie nicht, für Wasser und Futter zu sorgen.

Je weniger unangenehm die Erfahrungen sind, die das Pferd mit dem Verladen und Transport verbindet, desto williger und problemloser wird es sich ein- und ausladen lassen.

Das Verhalten beim Reiten

Vorbemerkung

Mit den wichtigsten Regeln für das Verhalten beim Reiten wird der Schüler während seiner Grundausbildung vertraut gemacht. Dem Fortgeschrittenen, der selbständig, ohne Aufsicht reitet, müssen sie zur selbstverständlichen Routine geworden sein. Dazu gehören genaue Kenntnis und Beachtung von Bahnordnung, Sicherheitsabständen und -zwischenräumen sowie die Fähigkeit, eine Reitstunde richtig aufzubauen; hinzu kommt das vorschriftsmäßige Verhalten im Gelände, im Straßenverkehr, beim Auftauchen anderer Pferde, in Risikosituationen und nicht zuletzt die gebotene Rücksicht, insbesondere gegenüber schwächeren Reitern. Vorsicht, die nicht mit Ängstlichkeit zu verwechseln ist, bietet immer einen guten Schutz vor Gefahren; Leichtsinn und Draufgängertum dagegen fordern diese geradezu heraus. Auch das bravste Pferd kann einmal erschrecken und ausschlagen, wenn man unachtsam in Reichweite seiner Hinterbeine an ihm vorbeigeht. Oder es kann plötzlich weglaufen, wenn man es z. B. unterläßt, beim Sattelgurtanziehen die Zügel am Arm zu behalten (s. u.). Gefährlich kann auch das achtlose Hinwerfen der Zügel im Schritt sein: Sie müssen immer in der Hand bleiben, um im Notfall rasch aufgenommen zu werden.

Rücksichtsvolles Verhalten gegenüber anderen, vor allem aber schwächeren Reitern oder unerfahrenen Pferden, gehört zu den wichtigsten Geboten. Schon eine falsche Gertenhaltung ist deshalb gefährlich, weil andere Pferde berührt und erschreckt werden können (Abb. 41). Dasselbe gilt für jedes Zischen oder Knallen mit Gerte oder

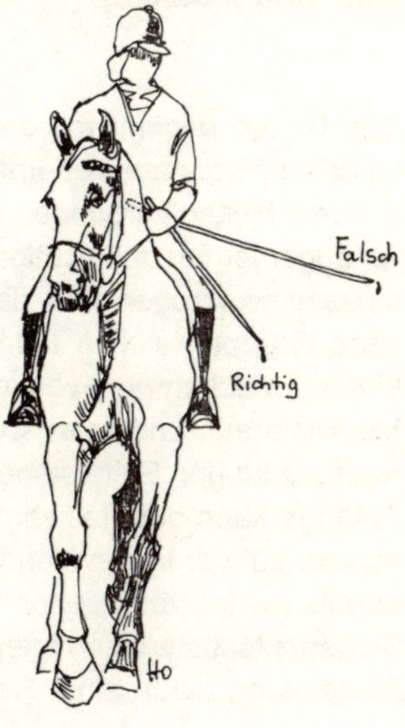

Abb. 41. Richtige und falsche Gertenhaltung.

Peitsche. Unkontrolliertes Temporeiten ist nicht nur unreiterlich, sondern wirkt leicht ansteckend und bringt dadurch Mitreiter in Gefahr.
Risikosituationen verhindert man am besten durch ständige, wachsame Übersicht. Dazu gehört das Voraussehen von Anlässen, vor denen ein Pferd erschrecken könnte, von plötzlich auftauchenden Gefahrenmomenten im Gelände und ein rasches Erfassen von brenzligen Situationen. Wenn ein anderes Pferd wegläuft, buckelt, seinen Reiter in Sitznot bringt, heißt es: sofort durchparieren, um das Risiko für alle Beteiligten möglichst klein zu halten.
Ein Wort noch über Kinder, die ohne Aufsicht reiten – was nicht passieren dürfte, aber doch häufig zu beobachten ist. Sie können völlig regelwidrig und unberechenbar reagieren! Der Erwachsene muß auf der Hut sein und sich vor allem nicht scheuen, dem kleinen „Verkehrssünder" freundlich, aber bestimmt zu erklären, wie er sich zu verhalten hat.
Um damit Erfolg zu haben, muß man allerdings selbst Disziplin, Verantwortungsbewußtsein – kurz, vorbildliches Reiterverhalten demonstrieren.

Auf- und Absitzen

Das Reiten beginnt mit dem Aufsitzen und endet mit dem Absitzen; beides muß genauso erlernt und eingeübt werden wie alles andere, was mit dem Reiten verbunden ist.
Anfänger lernen das richtige Auf- und Absitzen in der Halle. Ihre Pferde müssen so erzogen sein, daß sie dabei absolut ruhig stehen. Geschlossene Gruppen stellen unter Aufsicht des Reitlehrers ihre Pferde mit einem Zwischenraum von mindestens drei Schritten (ca. 2,50 m) an der Mittellinie auf, und zwar so, daß diese in derselben Richtung mit dem Kopf zur langen Seite stehen (Abb. 42).
Anfangs kann der Reitlehrer eine Anfängergruppe auch auf dem Hufschlag, auf der linken Hand, aufsitzen lassen: Die Pferde stehen dabei bereits in der vorgesehenen Reihenfolge und mit den erforderlichen Sicherheitsabständen hintereinander.
Einzelreiter, die in einer Reitbahn aufsitzen, in der sich schon andere

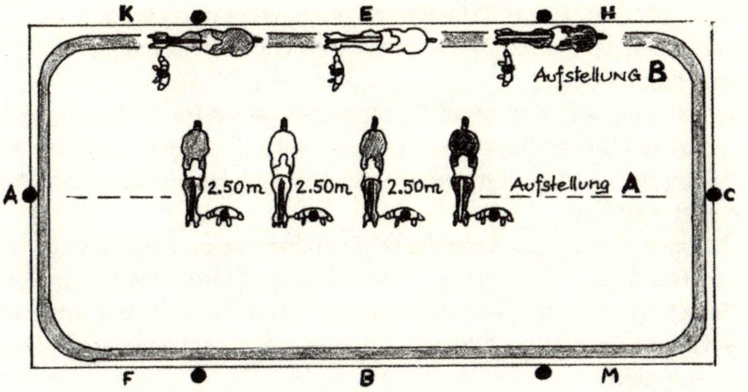

Abb. 42. Aufstellung geschlossener Gruppen zum Aufsitzen. A = übliche Aufstellung, für Anfängergruppen auch Aufstellung B möglich.

Reiter befinden, stellen ihr Pferd immer in der Mitte des Zirkels auf, weil sie dabei die anderen am wenigsten stören.

Nach der korrekten Aufstellung wird das Aufsitzen folgendermaßen vorbereitet:

- Die Zügel werden über den Pferdehals gelegt.
- Die Bügel werden heruntergezogen, wobei auf der linken Seite der linke Zügel in der linken Ellbogenbeuge, auf der rechten der rechte Zügel in der rechten Ellbogenbeuge liegt, so daß das Pferd zu keiner Zeit ganz frei steht.
- Beim anschließenden Verpassen der Bügelriemen (Fingerspitzen bei ausgestrecktem Arm am oberen Bügelende, Steigbügelende in der Achselhöhle) werden die Zügel genauso gehalten (Abb. 43).
- Das gilt auch beim nachfolgenden Anziehen des Sattelgurts, das in der Regel von links erfolgt.

Alle Handgriffe werden ruhig, ohne Hast und Nervosität ausgeführt und u. U. von der beruhigenden Stimme begleitet.

Aufgesessen wird normalerweise von der linken Seite. Das ist zwar heutzutage nicht mehr einsichtig begründbar, ist sozusagen ein „alter Zopf", der aus dem Mittelalter stammt, als die Ritter ihr Schwert links trugen und daher das Aufsitzen von rechts erheblich beschwerlicher

fanden. Doch unsere Pferde sind es auch heute noch so gewohnt, die Reiter lernen es ebenfalls so – also ist es sicherer, weil eingeübt und als normal empfunden.
Natürlich kann ein erfahrener Reiter sein eigenes Pferd daran gewöhnen, daß von beiden Seiten aufgesessen wird. Anfänger und Reiter von Schulpferden würden sich damit nur unnötige Schwierigkeiten machen.
Wie sitzt man auf?

- Die linke Hand ergreift die Gerte und nimmt beide Zügel auf.
- Der Reiter stellt sich mit dem Rücken zum Pferdekopf und mit dem Gesicht zur Kruppe – stünde er mit dem Gesicht zum Pferdekopf, liefe er Gefahr, beim Weglaufen des Pferdes nicht rechtzeitig in den Sattel zu kommen.
- Er dreht den linken Bügel zu sich her und setzt den linken Fuß so hinein, daß die Fußspitze nicht in die Seite des Pferdes stößt (Kitzligkeit oder Erschrecken).
- Mit dem rechten Fuß stößt er sich kräftig vom Boden ab und schwingt das rechte Bein so hoch über die Kruppe, daß diese nicht berührt wird.
- Er läßt sich weich und behutsam in den Sattel gleiten, wobei er sich vorn abstützt und das Gewicht mit den Knien abfängt.
- Beide Zügel und der rechte Bügel werden aufgenommen (Abb. 44).

All das erfordert zu Anfang Mühe und Übung, die sich jedoch lohnen. Ein Reiter, der das richtige Aufsitzen nicht beherrscht oder es aus Nachlässigkeit nicht korrekt ausführt, kann sein Pferd schon vor Beginn des eigentlichen Reitens irritieren, indem er ungeschickte, ruckartige Bewegungen macht, es unsanft berührt, sich mühsam am Sattel hochzuziehen versucht (wobei auch noch der Sattel verrutschen kann) oder allzulange auf einem Bein herumhüpft, weil er nicht hochkommt. Auch eine ungewollte Berührung mit der Gerte kann unerwartete Schreckreaktionen auslösen. Fachgerechtes, geschicktes Aufsitzen dagegen trägt von Anfang an zur Ruhe und Gelassenheit von Pferd und Reiter bei.
Für die Aufstellung zum Absitzen gelten dieselben Sicherheitsvorkehrungen wie beim Aufsitzen. Auch hierbei ist darauf zu achten, daß weder Stiefel noch Gerte das Pferd unvermittelt berühren und erschrecken.
Und so wird abgesessen:

- Beide Füße werden aus den Steigbügeln genommen, um nicht Gefahr zu laufen, darin hängenzubleiben (Abb. 45).
- Das Reitergewicht ruht auf Händen und Armen, wobei man sich oben an den Sattelblättern abstützt.

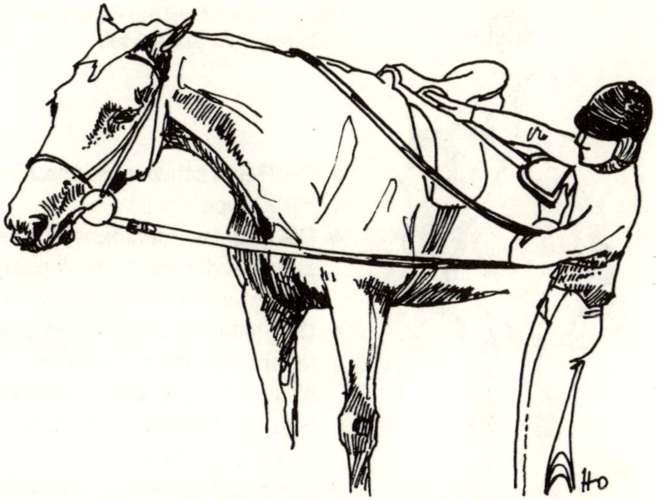

Abb. 43. Verpassen der Bügelriemen; der Zügel bleibt dabei in der Ellbogenbeuge.

Abb. 44. Aufsitzen: Gerte und Zügel werden zusammen in der linken Hand gehalten.

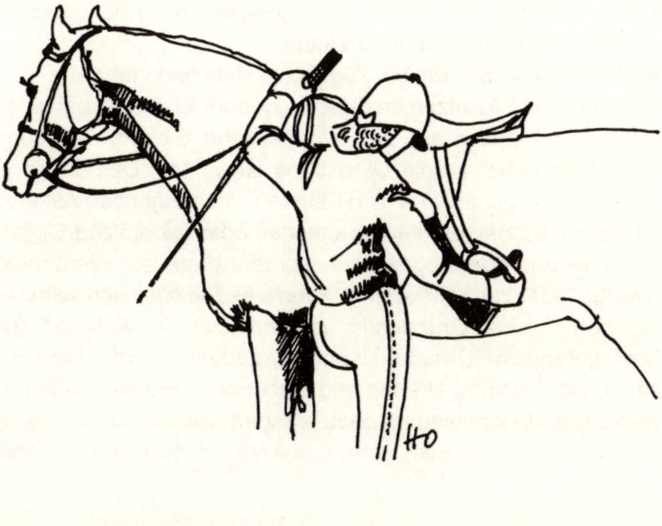

Abb. 45. Zum Absitzen nimmt der Reiter beide Füße aus dem Steigbügel.

- Der Reiter schwingt das rechte Bein über die Kruppe.
- Die Zügel werden dabei mit Verbindung zum Pferdemaul in der linken Hand gehalten, um ein Weglaufen zu verhindern.
- Der Reiter setzt mit beiden Beinen weich federnd auf dem Boden auf – bei einem allzu schwungvollen Aufprall könnten Sie den Knöchel verletzen oder das Pferd erschrecken!
- Die Bügel werden hochgeschoben (Zügel in der Ellbogenbeuge wie vor dem Aufsitzen), denn das Führen mit herunterbaumelnden Bügeln kann verursachen, daß das Pferd an Türen oder vorstehenden Gegenständen hängenbleibt oder daß sie ihm unangenehm in die Seite schlagen.
- Der Sattelgurt wird um zwei Loch gelockert, nicht mehr, damit der Sattel beim Führen nicht rutschen kann.
- Zum Führen werden die Zügel vom Hals genommen.

Beim Auf- und Absitzen im Freien, vor dem Stall oder bei einer Rast im Gelände ist außer auf die erforderlichen Sicherheitsabstände bzw. -zwischenräume auf die Umgebung zu achten. Der Boden darf nicht rutschig sein; in der Nähe von Bäumen, tief hängenden Ästen, Wänden, Zäunen, Fahrzeugen, hervorragenden oder gar spitzen Gegenständen sollte nie auf- oder abgesessen werden. Wenn ein Pferd dabei einmal wegläuft oder zur Seite springt, könnte es Sie oder sich selbst verletzen. Aus den gleichen Gründen ist übrigens auch das Auf- und Absitzen im Stall gefährlich! Draußen kommen zudem fremde Umwelteinflüsse hinzu, die Anlaß zu Unruhe und Gefahrenmomenten geben. Ein Pferd sollte deshalb konsequent dazu erzogen worden sein, ruhig zu stehen. Wenn es sich trotzdem einmal aufregt, ist es keine Schande, einen

Abb. 46. Bei besonders nervösen oder sehr jungen Pferden läßt sich der Reiter von einem Helfer in den Sattel heben.

anderen zu bitten, es zu halten. Bei besonders nervösen, schwierigen oder sehr jungen Pferden ist es ratsam, sich von einem Helfer in den Sattel heben zu lassen (Abb. 46).
Für den sogenannten „Normalverbraucher" – und das ist hier in keinerlei Sinn abschätzig gemeint – sind solche Pferde ohnehin eine Gefahrenquelle. Sie dem Fachmann und Könner zu überlassen ist nur ein Zeichen der Vernunft.

Das Verhalten in der Reitbahn

Bahnordnung und Hufschlagfiguren

Für das sichere Reiten in einer Reitbahn (Halle oder offener Platz) sind genaue Kenntnisse der Bahnordnung und der wichtigsten Hufschlagfiguren Voraussetzung.
Vor dem Öffnen der Tür und Betreten der Bahn ruft der Reiter deutlich

vernehmbar: „Tür frei?“ und wartet die Antwort „Ist frei!“ ab, bevor er eintritt.
Die Tür wird danach behutsam und leise geschlossen, um die in der Bahn befindlichen Pferde (und das eigene) nicht zu erschrecken.
Eine unter Aufsicht reitende, geschlossene Gruppe hat gegenüber Einzelreitern stets „Vorfahrt“, d. h. Einzelreiter haben ihr den Hufschlag freizumachen und auf die Anweisungen des Reitlehrers zu achten (Lektionen, Hufschlagfiguren), damit sie die Gruppe nicht stören. Bei manchen Hufschlagfiguren einer Abteilung, wie z. B. „Schlangenlinie durch die Bahn“, ist es für den Einzelreiter ratsam, zum Schritt bzw. zum Halten durchzuparieren.
Reiten mehrere Einzelreiter ohne Aufsicht, so gilt die Regel: links vor rechts, d. h. dem auf der linken Hand reitenden Reiter gehört der Hufschlag, wer auf der rechten Hand reitet, muß ausweichen.
Außerdem ist das Gebot „Ganze Bahn vor Zirkel“ zu beachten: Wer auf dem Zirkel reitet, muß den Hufschlag frei machen (Abb. 47).
Reiten alle auf derselben Hand, so besitzen diejenigen den Hufschlag, die in der höheren Gangart reiten: Galopp und Trab z. B. haben das Vorrecht gegenüber Schritt. Überholt wird immer innen, also auf dem zweiten Hufschlag. Reiten Sie beim Ausweichen oder Überholen nie zu knapp an einem anderen Reiter vorbei. Die Pferde dürfen sich dabei nicht

Abb. 47. Ganze Bahn hat Vorrecht vor dem Zirkel.

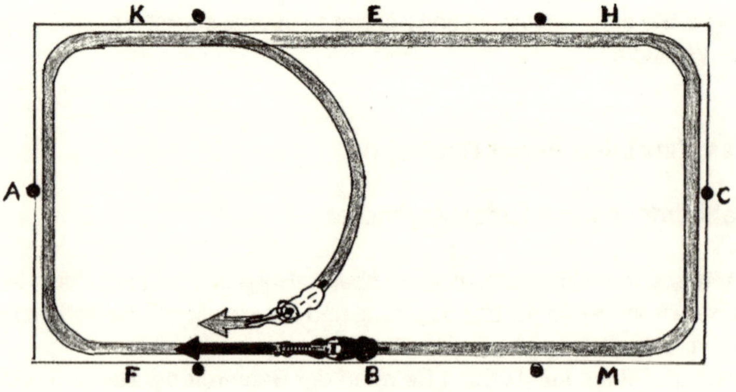

zu nahe kommen oder gar streifen – Ihre und Ihres Mitreiters Knie und Beine könnten in Gefahr kommen! Nach dem Überholen wird erst dann wieder auf den ersten Hufschlag geritten, wenn der Sicherheitsabstand zum überholten Reiter (zwei bis vier Pferdelängen) hergestellt ist; also: Niemals schneiden!

Das Halten und Lektionen daraus (Vorhand- und Hinterhandwendung, Rückwärtsrichten) werden stets auf dem zweiten Hufschlag ausgeführt, wobei man sich vorher zu vergewissern hat, daß man keinen anderen behindert. Wenn Sie z. B. gerade ein anderer überholen möchte, während Sie auf den zweiten Hufschlag gehen, kann das zum Zusammenstoß führen.

Alle „Vorfahrtsregeln" sind zugleich „Vorfahrtspflichten". Falsches Ausweichen, also das Ausweichen, obwohl einem der Hufschlag gehört, ist ebenso gefährlich wie die Mißachtung des Ausweichgebots (Abb. 48). Weichen Sie also nie aus falsch verstandener Höflichkeit aus. Dabei entstehen ähnliche Situationen wie zwischen zwei Autofahrern, die sich gegenseitig die Vorfahrt geben wollen, nach einigem Hin und Her dann beide zugleich anfahren und zusammenstoßen.

Wird auf zwei Zirkeln geritten, so ist an der offenen Zirkelseite sorgfältig auf den oder die Reiter auf dem anderen Zirkel zu achten. Also: nicht zu dicht vorbeireiten und auf gar keinen Fall über X hinausreiten!

Abb. 48. Das Recht auf den Hufschlag bedeutet gleichzeitig auch die Pflicht dazu. Falsches Ausweichen ist gefährlich.

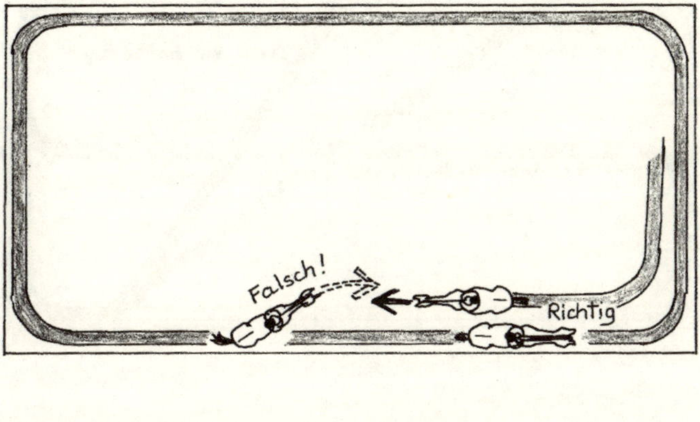

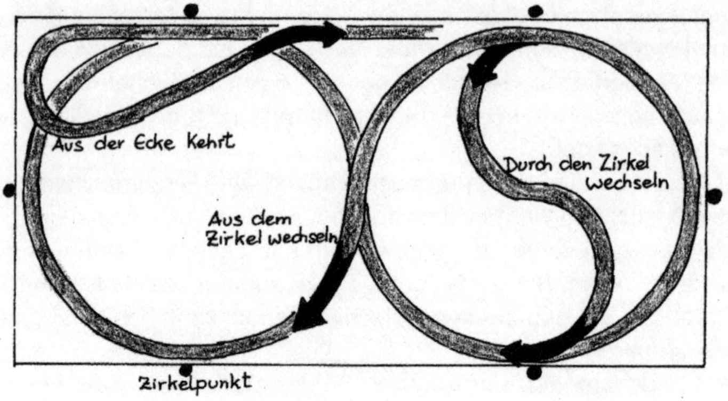

Abb. 49. Hufschlagfiguren zum Handwechseln.

Beim Handwechseln benutzt man die vorgeschriebenen Hufschlagfiguren, die es den Mitreitern erleichtern zu erkennen, was der andere vorhat, und rechtzeitig darauf zu reagieren (Abb. 49 und 50).
Nach Anordnung des Handwechsels von einer Hand aus ist das sogenannte Kreuzen besonders gefährlich. Um dies zu verhindern, muß man wissen: Derjenige, der sich bereits auf der neuen Hand befindet, besitzt

Abb. 50. Hufschlagfiguren zum Handwechseln.

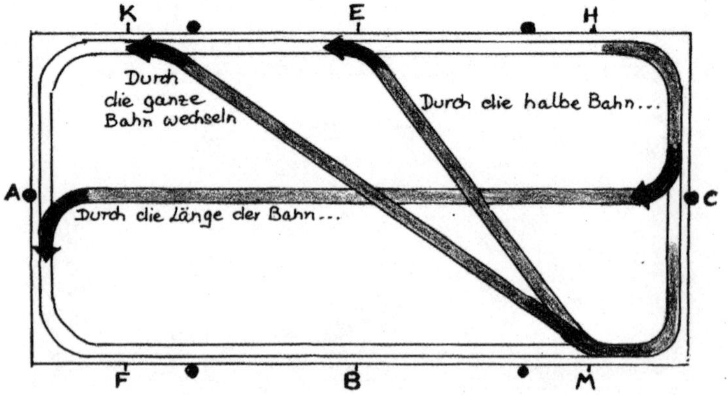

Abb. 51. Oben: Richtiger Handwechsel. Unten: Gefährliches „Kreuzen“.

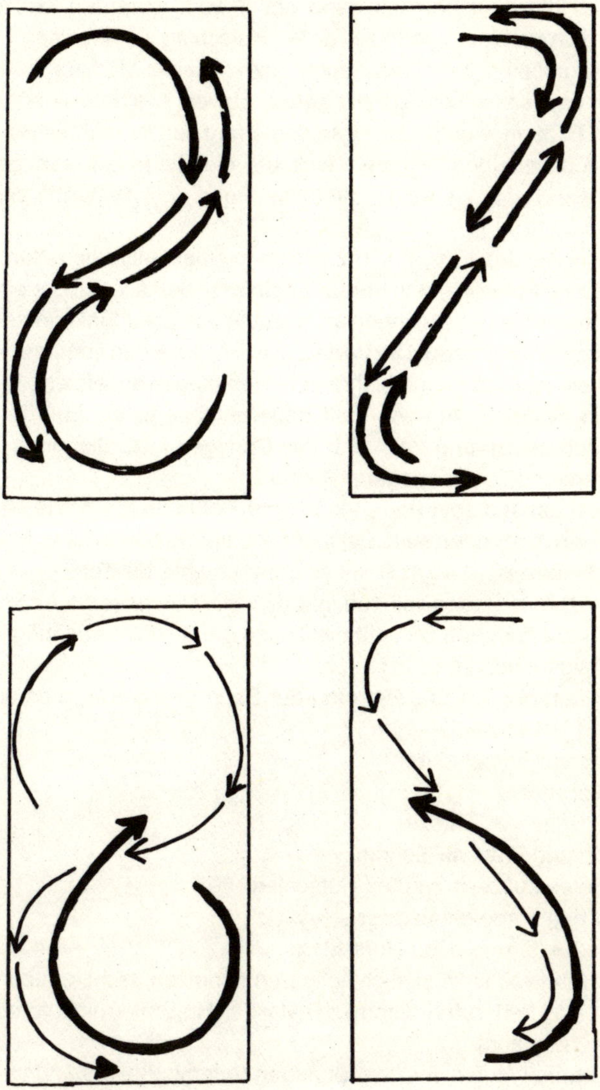

den Hufschlag; derjenige, der mit dem Handwechseln erst beginnt, muß nach innen ausweichen (Abb. 51).

Der Ruf „Hufschlag frei!" ist dann am Platze, wenn ein anderer es offensichtlich versäumt, rechtzeitig den Hufschlag zu verlassen.

In Ausnahmefällen kann man auch einmal seine Mitreiter freundlich darum bitten, den Hufschlag freizugeben, obwohl er einem nicht zusteht. Das gilt z. B. dann, wenn man mit seinem Pferd auf der rechten Hand den Außengalopp einüben möchte. Auch um die Diagonale darf gebeten werden, wenn man sie für Trabverstärkungen oder fliegende Wechsel braucht.

Wenn mehr als drei Einzelreiter zugleich in einer Reitbahn reiten, ist es dringend zu empfehlen, sich darauf zu einigen, daß alle auf der gleichen Hand reiten und einer von ihnen im Abstand von etwa fünf Minuten zum Handwechseln auffordert. Die Vorfahrtsgesetze werden sonst zu kompliziert, um ein sinnvolles und sicheres Reiten zu gewährleisten.

Wenn ein Reiter in Anwesenheit anderer über einen Sprung reiten möchte, ruft er „Sprung frei!". Für das Springen muß allerdings vorher das Einverständnis aller gegeben sein.

Auch wenn jemand sein Pferd longieren möchte, müssen alle Reiter in der Bahn einverstanden sein. Bei mehr als drei Reitern in einer Reitbahn von den Maßen 20 × 40 m sollte es gänzlich unterbleiben.

Wer die Bahn verlassen will, ruft laut „Tür frei?", wartet die Antwort „Ist frei!" ab und öffnet und schließt die Tür so geräuschlos wie möglich.

Das Wichtigste nochmals in Kürze:

- vor Öffnen der Tür und Betreten der Bahn „Tür frei?" rufen und die Antwort „Ist frei!" abwarten
- Gruppe vor Einzelreitern
- links vor rechts
- ganze Bahn vor Zirkel
- Galopp und Trab vor Schritt
- Überholen auf dem zweiten Hufschlag
- nie zu nah vorbeireiten oder schneiden
- halten auf dem zweiten Hufschlag
- beim Handwechseln Hufschlagfiguren benutzen, nicht kreuzen
- „Hufschlag frei!" rufen, wenn ein Reiter den Hufschlag nicht vorschriftsgemäß freimacht
- „Sprung frei!" rufen vor dem Springen (nur mit Einverständnis aller)

- Longieren nur mit Einverständnis aller, bei mehr als drei Reitern möglichst unterlassen

Aufbau einer Reitstunde

Durch seine Grundausbildung besitzt der Reiter bereits eine gewisse Vorstellung vom Aufbau einer Reitstunde. Wer jedoch selbständig, ohne Aufsicht, ein Pferd reitet, muß dabei nach einem durchdachten Plan vorgehen.

Jede Reitstunde gliedert sich in drei Phasen:

1. Erwärmungs- und Lösungsphase
2. Arbeitsphase
3. Beruhigungsphase

Die erste Phase dient dazu, die Muskulatur des Pferdes, wie auch die des Reiters, zu erwärmen, Stallsteifheiten abzubauen, das Pferd dazu zu bringen, taktmäßig und mit schwingendem Rücken an die Reiterhand heranzutreten (Anlehnung), so daß es den Reiter gut sitzen läßt.

Überprüft wird die Losgelassenheit durch das Zügel-aus-der-Hand-kauen-lassen: Das Pferdemaul folgt der nachgebenden Hand nach vorwärts-abwärts, wobei der Takt nicht eiliger werden darf.

Die Losgelassenheit des Pferdes ist eine wesentliche Voraussetzung dafür, daß es dem Reiter ein williger und sicherer Partner ist. Verspannungen können zu Widersetzlichkeiten und Gefahrensituationen führen. Deshalb ist es so wichtig, daß das Pferd lange genug und richtig gelöst wird. Bei jüngeren Pferden oder Pferden, die am Vortag gestanden haben, kann das Lösen ruhig einmal die ganze Stunde ausfüllen. Ältere Pferde ohne besondere Schwierigkeiten sind in der Regel nach ca. 15 bis 20 Minuten gelöst. In jedem Fall ist das Lösen eine Fertigkeit, die Erfahrung und Gefühl erfordert.

Wie kann beim Lösen des Pferdes vorgegangen werden?

- Anfangs auf beiden Händen je ca. 5 Minuten Schritt reiten: bei ruhigen Pferden mit hingegebenem, bei Pferden, die zum Weglaufen neigen, am langen Zügel (Abb. 52)
- nachgurten
- antraben und leichttraben (Arbeitstempo): bei ruhigen Pferden ganze Bahn, bei sehr gehlustigen auf dem Zirkel reiten

Abb. 52. Schritt mit hingegebenem Zügel zum Lösen des Pferdes.

- Schrittpause, nochmals nachgurten
- Übergänge Arbeitstrab – Arbeitsgalopp auf dem Zirkel
- Vorhandwendungen und Schenkelweichen zur Abstimmung auf einseitig wirkende Hilfen: Vorbereitung auf die Biegung für große gebogene Linien (Zirkel, einfache Schlangenlinien)
- auf großen gebogenen Linien im Arbeitstrab Stellung und Biegung erreichen (innen hohl machen – überprüfen durch Vorgehen mit der inneren Hand, Abb. 53)
- immer wieder frischeres Arbeitstempo ganze Bahn (Trab, Galopp)
- Überprüfung: Zügel aus der Hand kauen lassen
- Schrittpause

Wie kann die Arbeitsphase aussehen?
Das hängt ganz vom Ausbildungsstand von Reiter und Pferd ab. Vorzuschlagen sind hier leichte versammelnde Lektionen wie Übergänge vom Arbeitstrab zum Schritt und zum Halten, Zulegen und Einfangen im Trab, Angaloppieren aus dem Schritt, Durchparieren vom Galopp zum Schritt, einfache Galoppwechsel. Voraussetzung ist, daß

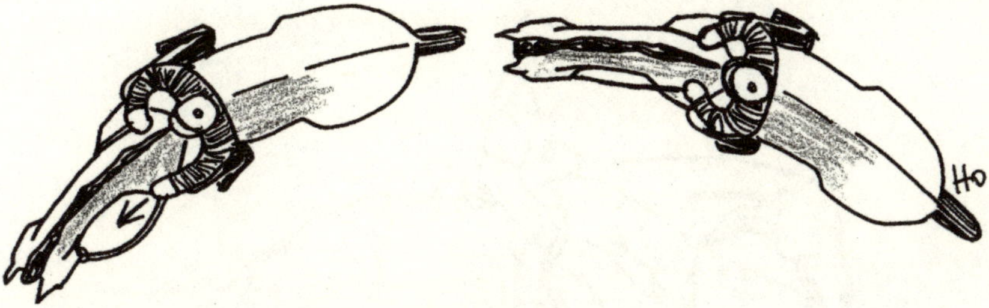

Abb. 53. Im Arbeitstrab auf großen, gebogenen Linien Stellung und Biegung erreichen, überprüfen durch Vorgehen mit der Hand.

das Zusammenspiel der Hilfen bei den Paraden beherrscht wird. Neue Lektionen können in dieser Phase eingeübt, bekannte verfeinert werden. Unbedingt zu vermeiden ist eine Überforderung des Pferdes durch zu hohe Belastung oder zu langes Üben derselben Lektion. Nach versammelnden Lektionen muß immer wieder in frischem Tempo vorwärtsgeritten werden. Häufig, vor allem auch zur Belohnung nach gelungenen Übungen, Schrittpausen einlegen!

Was ist unter der Beruhigungsphase zu verstehen?

Sie bildet den Abschluß einer Reitstunde und dient dazu, eventuelle Anstrengungen aus der Arbeitsphase abklingen zu lassen, das Pferd mit längerer Oberhalslinie, in frischerem Tempo und bei ruhiger Atmung zu lockern und es so zufrieden und gelöst, wie man es am nächsten Tag wieder aus dem Stall holen möchte, in diesen zurückzubringen. Dazu gehört natürlich auch das abschließende Schrittreiten von ca. 10 Minuten. Pferde, die geschwitzt haben, reitet oder führt man so lange im Schritt, bis sie trocken sind.

Wer sich an diesen Grobaufbau einer Stunde hält, trägt entscheidend dazu bei, daß das Pferd unter dem Reiter zufrieden, ausgeglichen, vertrauensvoll und willig geht. Sollten einmal Probleme auftauchen, so ist es das Beste und Vernünftigste, den Reitlehrer um seinen Rat, eine Einzelstunde oder ein Nachreiten des Pferdes zu bitten. Schließlich lernt man auch beim Reiten nie aus, und nichts ist kurzsichtiger, als sich „festzurennen“ und Schwierigkeiten um jeden Preis selbst lösen zu wollen.

Abb. 54. Beruhigungsphase: das Pferd nach vorangehender Versammlung mit längerer Oberhalslinie in frischem Tempo lockern.

Das Verhalten im Gelände

Besonderheiten und Voraussetzungen

Was ist eigentlich beim Ausreiten so schwierig? Warum muß ich mich so lange abmühen, bis ich endlich einmal ins Gelände darf? So wird sich manch einer ungeduldig fragen, dem das Reiten durch Wald und Feld der Inbegriff seiner Reiterträume ist.

Es ist nun leider eine Tatsache, daß im Gelände besonders viele und schwere Unfälle passieren. Das liegt daran, daß im allgemeinen die reiterlichen Voraussetzungen fehlen und die Sicherheitsvorkehrungen nicht genügend berücksichtigt werden. Das Reiten im Gelände macht sehr viel Spaß und sollte nicht durch unnötige Gefahren und Unfälle getrübt werden.

Beim Ausreiten kommen im Vergleich zur Reitbahn folgende Faktoren hinzu:

- Das Gelände ist nicht fest umgrenzt und dem Pferd vertraut, sondern bietet eine Vielfalt neuer Umwelteinflüsse.

- Diese lenken das Pferd ab, können es verängstigen oder übermütig machen.
- Weite, offene Flächen regen seinen Lauftrieb an.
- Unbekannte Gegenstände, Bewegungen, Geräusche und Gerüche können Schreckreaktionen verursachen.
- Bodenunebenheiten können der Anlaß für Stolpern und Stürzen sein.
- Das plötzliche Auftauchen anderer Pferde ruft den Herdentrieb wach.
- Das Reiten Richtung Stall bewirkt aus ähnlichen Gründen die Tendenz zum Weglaufen.

Für den ersten Ausritt sind deshalb folgende Voraussetzungen unbedingt erforderlich:

- Abgeschlossene Grundausbildung des Reiters, d. h. sicherer Sitz und gefestigte, effektive Einwirkungen
- Beherrschung des leichten Sitzes und des Leichttrabens bei einer um zwei bis vier Loch verkürzten Bügellänge (im Gelände wird grundsätzlich leichtgetrabt und der leichte Sitz eingenommen – zur Entlastung des Pferderückens und zur Erleichterung und Sicherheit des Reiters)
- eine ausreichende Anzahl von Reitstunden in der offenen Bahn (Reiten im Freien mit Eingrenzung und unter Anleitung)

Übrigens gilt die Vorbereitung für das Ausreiten durch das Reiten in der offenen Bahn nicht nur für Anfänger, sondern auch für Fortgeschrittene, die im Frühjahr nach einer langen „Hallensaison" oder im ersten Winterschnee ins Gelände reiten wollen.

Der Normalausritt

Unter Normalausritt wird hier ein Ausritt von ein bis zwei Stunden verstanden, der keine besonderen Schwierigkeiten bietet. Am Anfang muß im Gelände selbstverständlich der Reitlehrer die Leitung und Beaufsichtigung einer Gruppe übernehmen. Er bestimmt auch die Reihenfolge innerhalb der Gruppe, teilt die Strecke den Bodenverhältnissen entsprechend sinnvoll ein, gibt Gangart und Tempo an und fordert zum Fußwechseln im Trab bzw. zum Rechts- oder Linksgalopp auf.

Erst wenn der Reiter über ausreichende Erfahrungen im Gelände verfügt, kann er sich einer Gruppe anschließen, die ohne Aufsicht ausreitet. Man sollte es sich zum Grundsatz machen, niemals allein ins Gelände zu reiten: Einmal fühlen sich Pferde in Gesellschaft für gewöhnlich wohler und sind daher ruhiger und leichter beherrschbar, zum anderen könnte der Reiter in Gefahrensituationen oder bei einem Sturz auf die Hilfe anderer dringend angewiesen sein. Ein Reiter, der z. B. nach einem Sturz bewußtlos liegenbleibt, wird oft stundenlang nicht gefunden oder auch nur vermißt, was für ihn die schlimmsten Folgen haben kann. Was muß man für einen selbständigen Ausritt wissen und beachten?

- An den Anfang und an den Schluß einer Gruppe gehört ein erfahrener Reiter mit einem sicheren Pferd.
- Der schwächste Reiter reitet in der Mitte; die Gruppe hat sich in Tempo und Schwierigkeitsgrad der Strecke unbedingt nach ihm zu richten.
- Auch die „Rangordnung“ der Pferde ist bei der Reihenfolge zu berücksichtigen: Ausgesprochene „Führernaturen“ gehören nach vorne; ängstliche Pferde gehen zufriedener und ruhiger hinter einem sicheren Vorderpferd; zur Heftigkeit neigende Pferde sollten vorne, jedoch nicht an der Spitze der Gruppe gehen.
- Der Anfangsreiter muß stets die Übersicht über die gesamte Gruppe haben und sich durch Zurückschauen davon überzeugen, daß alles in Ordnung ist und die Abstände stimmen. Damit diese weder zu klein noch zu groß werden, hat er sein Tempo nach dem der anderen zu richten. Durch Zuruf oder ein verabredetes Handzeichen kündigt er den Wechsel einer Gangart oder das Durchparieren rechtzeitig und deutlich an. Bei einer größeren Gruppe geben die anderen diese Informationen unverzüglich nach hinten weiter. Das Angaloppieren leitet der Anfangsreiter aus dem Trab ein, damit die Pferde nicht „überfallen“ und heftig werden. Das Durchparieren erfolgt allmählich, aus dem Galopp stets über den Trab, damit die anderen ihre Sicherheitsabstände einhalten können. Rechtzeitig angekündigt werden auch gefährliche Situationen, bei denen zum Schritt durchpariert wird.
- Der Schlußreiter übernimmt die Aufgabe, die Gruppe zusammenzuhalten; er meldet das Zurückbleiben oder den Sturz eines Reiters unverzüglich nach vorn durch.
- Beim Zurückbleiben eines Reiters reduziert die Gruppe ihr Tempo; wenn einer in Schwierigkeiten gerät oder stürzt, hält sie so prompt wie möglich an.
- Die Sicherheitsabstände (gewöhnlich zwei bis vier Pferdelängen) sind strikt einzuhalten; auf gar keinen Fall darf der Sicherheitsabstand von einer Pferdelänge unterschritten werden!

- Schritt geritten wird zu Anfang und am Ende des Ritts (jeweils mindestens zehn Minuten), ferner als immer wieder eingelegte Pause, auf unebenem, steinigem oder glitschigem Boden, beim Auftauchen von Fußgängern, Fahrradfahrern, Kraftfahrzeugen, anderen Pferden und in Gefahrensituationen. Im Schritt sind die Zügel aufgenommen, so daß stets eine Verbindung zum Pferdemaul besteht.
- Im Trab wird grundsätzlich leichtgetrabt, im Galopp der leichte Sitz eingenommen (s. o.).
- Galopp wird nur auf ebenem oder leicht ansteigendem, weich federndem und weder zu feuchtem, noch zu tiefem Boden geritten; das Tempo kann streckenweise bis zum Jagdgalopp (ca. 400 m/Min.) gesteigert werden. Aber: Nie Richtung Stall galoppieren!
- Auf das regelmäßige Fußwechseln im Trab ist ebenso zu achten wie auf den gleichmäßigen Wechsel zwischen Links- und Rechtsgalopp, damit das Pferd nicht einseitig belastet wird.
- Zu achten ist auch auf einen sinnvollen Wechsel zwischen den drei

Abb. 55. Wo es erlaubt ist, gestaffelt reiten.

Grundgangarten, um Überanstrengung oder Monotonie zu verhindern; beides vermindert Aufmerksamkeit und Konzentrationsfähigkeit des Pferdes. Immer wieder eingeschobenes „Bummeln" im Schritt trägt zur Ruhe und Gelassenheit bei.

- Wo es erlaubt ist, im Winter auf Wiesen oder Feldern zu reiten, kann man nebeneinander oder gestaffelt reiten. Dabei ist der Zwischenraum von mindestens 1 Schritt streng einzuhalten (Abb. 55).
- Morsche Brücken, unbekannte Gewässer und sumpfiges Gelände sind unbedingt zu meiden!
- Auf schmalen Brücken ist es sicherer, abzusitzen und das Pferd zu führen; das gilt auch bei niedrigen Unterführungen, vor allem wenn darüber lauter Autoverkehr hinwegbraust.
- Andere Reiter zu überholen, zu kreuzen oder zu schneiden ist höchst unreiterlich und gefährlich!

Gefahrensituationen

Wie verhält man sich aber, wenn doch nicht alles so programmgemäß verläuft, wenn ein Reiter in Schwierigkeiten oder zu Fall kommt?
Der Vordermann darf zwar nicht überholt werden. Was aber tun, wenn man plötzlich merkt, daß man sein Pferd nicht mehr auf Sicherheitsabstand halten kann? Der Reiter sollte dann versuchen, in einem großen Bogen abzuwenden und das Pferd auf immer kleiner gerittenen Kreisen zu beruhigen (Abb. 56). Wenn das Gelände dies nicht zuläßt, muß er dem Vordermann zurufen, daß er überholt wird. Die anderen sollten durchparieren, sobald sie die Situation erfaßt haben!
Gelingt es gar nicht, das weglaufende Pferd durch Paraden wieder einzufangen, muß im äußersten Fall die „Notbremse" angewandt werden. Der Reiter stützt eine Hand am Pferdehals auf und nimmt mit der anderen durch energisches Annehmen und Nachgeben die Nase des Pferdes hoch; dabei richtet er den Oberkörper auf und macht beide Beine zu. Auf diese Weise drückt er den Hebel von Kopf und Hals des Pferdes gegen den Pferderücken, zwingt es dadurch, mit den Hinterbeinen aufzunehmen und das Tempo zu vermindern. Diese Maßnahme kann einmal notwendig werden, wenn ein Pferd plötzlich erschrickt, wegrennt und sich, seinen Reiter und andere in Gefahr bringt. Grundsätzlich sind allerdings Pferde, die von Natur aus heftig oder schwierig sind, keine

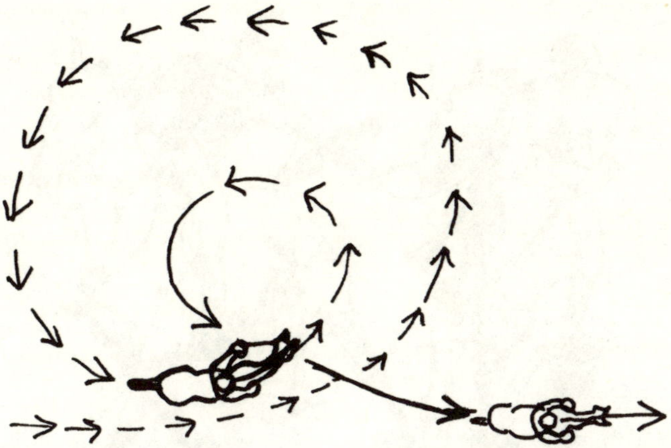

Abb. 56. Ein durchgehendes Pferd auf einen großen Bogen abzuwenden versuchen und auf immer kleiner werdenden Kreisen beruhigen.

geeigneten Geländepferde. Nur ein vom Temperament her einwandfreies und rittiges Pferd gewährleistet Freude und Sicherheit beim Ausreiten.

Das Scheuen in leichteren oder hartnäckigeren Formen ist gerade im Gelände nicht mit völliger Sicherheit auszuschließen. Die schon erwähnte Wachsamkeit des Reiters, seine beruhigenden, aber bestimmten Einwirkungen tragen entscheidend mit dazu bei, die Angst vor gefürchteten Gegenständen zu vermindern. Allerdings sind langwierige, erfolglose Versuche eher schädlich. Besser und sicherer ist es, das scheuende Pferd im Schenkelweichen oder schulterhereinartig – und dem Gegenstand seiner Furcht entgegengestellt – vorbeizureiten. Oft genügt es schon, wenn ein weniger ängstliches Pferd als Führpferd vorausgeht.

Wenn ein Reiter in Sitznot kommt, können die anderen Reiter in der Gruppe viel dazu beitragen, ihm zu helfen. Die erste Reaktion ist das sofortige Durchparieren aller, nachdem der Mitreiter, der die Situation zuerst erkannte, alle anderen informiert hat. Sollte der Reiter die Zügel verloren haben, greift ein anderer in die Zügel des Pferdes, um es am Weglaufen zu hindern (Abb. 57). Weitergeritten wird erst, nachdem der Betroffene wieder fest im Sattel sitzt und zudem versichert hat, daß er

Abb. 57. Wenn ein Reiter in Sitznot gerät und die Zügel verliert, greift ein zweiter Reiter in die Zügel, um das Pferd am Weglaufen zu hindern.

selbst auch weiterreiten will. Ist er sehr verängstigt, sollte man so rücksichtsvoll sein, mit ihm im Schritt nach Hause zu reiten!

Auch ein Sturz kann – trotz aller Vorsichtsmaßnahmen – einmal vorkommen. Jeder sollte genau wissen, wie er sich beim Stürzen zu verhalten hat, damit er möglichst unverletzt fällt: Zügel und Bügel sind rechtzeitig loszulassen. Wichtig ist, daß der Reiter beim Fallen weit genug vom Pferd wegkommt und keinesfalls in die Reichweite der Hufe gerät. Darauf ist besonders zu achten, wenn das Pferd mit dem Reiter stürzt – es könnte sonst auf ihn fallen und ihn schwer verletzen.

Das klingt wahrscheinlich sehr theoretisch, denn richtiges Fallen sollte im Grunde erlernt werden und zur Reitausbildung gehören. Abrollübungen lassen sich auch im „Trockenkurs", also ohne Pferd, einüben. Eine Schulung in der Technik des Fallens wäre ein wichtiger Beitrag zur Vermeidung von Unfällen, ist aber leider noch kaum in die Praxis des Reitunterrichts einbezogen.

Sollte sich ein Reiter bei einem Sturz schwerer verletzen, muß mindestens ein Mitglied der Gruppe imstande sein, auf kürzestem Weg die nächstgelegene Telefonzelle aufzusuchen, um einen Arzt anzurufen. Es muß dabei in der Lage sein, den Unfallort präzise zu beschreiben, damit der Arzt so schnell wie möglich zur Stelle sein kann. Auf keinen Fall darf der Verletzte während dieser Zeit allein bleiben! Das könnte zu u. U. tödlichen Schockwirkungen führen. Auch die Fähigkeit, das Pferd eines Gestürzten als Handpferd mitzuführen, muß beherrscht werden, damit dieses nicht frei herumrennt und weiteren Schaden, etwa auf Straßen oder gar Autobahnen, anrichtet (Abb. 58).

Einem weglaufenden Pferd darf auf keinen Fall nachgejagt werden, da es sich nur zum Wettrennen angespornt fühlen würde und ohne Reitergewicht ohnehin schneller ist. Ein einzelner Reiter – nie die ganze Gruppe! – reitet dem Pferd in gehörigem Abstand nach, wartet, bis es stehenbleibt, reitet mit beruhigender Stimme im Schritt heran und faßt mit langsamen Bewegungen die Zügel. Im Zweifelsfall aber gilt nach einem schweren Sturz: erst der Reiter, dann das Pferd.

Über Grundkenntnisse in Erster Hilfe sollte, so wie der Autofahrer, auch jeder Geländereiter verfügen. Kurse in Erster Hilfe werden überall und ständig angeboten; der Aufwand hierfür ist mehr als geringfügig im Vergleich zur Gesundheit oder zum Leben eines Menschen.

Abb. 58. Reiten mit Handpferd.

Das Verhalten im Straßenverkehr

Voraussetzung für das richtige Verhalten des Reiters im Straßenverkehr sind die folgenden Gebote und Verbote der Straßenverkehrsordnung:

- *Gebote:*

Jeder Verkehrsteilnehmer muß sich so verhalten, daß kein anderer geschädigt, gefährdet oder mehr als nach den Umständen unvermeidbar behindert oder belästigt wird.
Wenn Reitwege vorhanden sind, müssen diese benutzt werden; sonst wird auf der Straße scharf rechts hintereinander geritten; auch geführt wird auf der rechten Straßenseite, denn laut § 28 StVO gelten nicht nur für Reiter, sondern auch ausdrücklich für Führer von Pferden die Verkehrsregeln für den Fahrverkehr.
Eine geschlossene Reitergruppe darf nicht länger als 25 Meter sein, bei zwei Reitergruppen beträgt der Abstand zwischen ihnen ebenfalls 25 Meter.
Bei Dunkelheit müssen die Pferde hinten über der Fessel Spezialrückstrahler tragen, zusätzlich muß der erste Reiter eine Lampe mit weißem Licht, der letzte eine mit rotem Licht tragen.

- *Verbote*:

Es ist verboten: sich auf der Straße mit Pferden aufzuhalten, die den Verkehr gefährden;
Pferde vom Fahrrad oder Kraftfahrzeug aus zu führen;
mehr als zwei Handpferde mitzuführen.
Zu diesem Gesetzestext sind folgende Punkte hinzuzufügen:

- Im Straßenverkehr wird grundsätzlich Schritt geritten.
- Die Zügel sind dabei aufgenommen.
- „Scharf hintereinander" bedeutet: den Sicherheitsabstand von einer Pferdelänge einhalten.
- Das Überqueren von Autostraßen erfolgt am sichersten durch gleichzeitiges Nebeneinanderabwenden nach links und im rechten Winkel. Voraussetzung ist, daß die Straße übersichtlich, also auf längere Sicht frei ist und daß alle Reiter dieses Überqueren in gleicher Höhe und mit gleichem Zwischenraum beherrschen. Der Anfangsreiter gibt vorher ein vereinbartes Zeichen, worauf alle Reiter unverzüglich linksum machen und auf der anderen Straßenseite wieder, unter Einhaltung der Sicherheitsabstände, hintereinander reiten (Abb. 59).

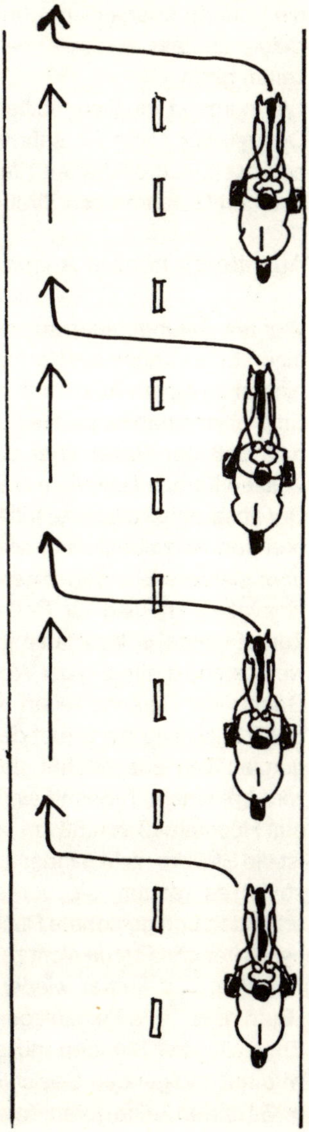

Abb. 59. Gleichzeitiges Überqueren der Straße durch eine geschlossene Gruppe.

- Wird eine Straße hintereinander überquert, so überzeugt sich der Anfangsreiter vorher davon, daß die Straße frei ist, und gibt das verabredete Zeichen. Auch hierbei müssen die Sicherheitsabstände streng eingehalten werden – entstehende Lücken können eventuell auftauchende Autos dazu veranlassen, zwischen zwei Pferden hindurchzufahren: Die von der Gruppe getrennten Pferde werden unruhig und neigen zu gefährlichem Verhalten.
- Wenn ein Pferd im Straßenverkehr scheut, so wird es von einem sicheren Reiter auf einem ruhigen Pferd „abgedeckt“: Er reitet dicht neben dem scheuenden Pferd auf dessen linker, dem Verkehr zugewandter Seite, verstellt ihm so die Sicht auf die Straße und verhindert, daß es unter Umständen in vorbeifahrende Autos springt.

Daß Gesetze und Sicherheitsvorkehrungen befolgt werden, sollte selbstverständlich sein – Höflichkeit und Rücksicht können zusätzlich dazu beitragen, Risiken für alle Verkehrsteilnehmer zu verringern. Autofahrer, die von sich aus rücksichtsvoll anhalten, um einer Reitergruppe das Vorrecht zu geben, haben zum Dank ein freundliches Handzeichen verdient. Sie werden beim nächsten Mal den vierbeinigen Verkehrsteilnehmern um so bereitwilliger

die Vorfahrt überlassen. Und sie werden auch auf ein bittendes Zeichen reagieren, falls ein Reiter bei einem heranfahrenden Auto in Schwierigkeiten gerät.
Wenn irgend möglich, sollten Autostraßen gänzlich gemieden werden. Das gilt vor allem für sehr verkehrsreiche Straßen und erst recht mit nervösen, schreckhaften Pferden. Ein kleiner Umweg ist den Abgasen und den Gefahren des Straßenverkehrs gewiß vorzuziehen.

Ausritte für höhere Ansprüche

Wer am Geländereiten so richtig Geschmack gefunden und die notwendigen Erfahrungen auf Normalausritten gesammelt hat, wird irgendwann einmal an einem Ausritt mit höheren Anforderungen teilnehmen wollen. Empfehlenswert ist es, hierfür den „Reiterpaß" zu besitzen, der bescheinigt, daß der Reiter über das erforderliche Können und theoretische Wissen für das Reiten im Gelände verfügt.
Der anspruchsvollere Ausritt kann ein Ausritt von längerer Dauer oder mit höheren Schwierigkeitsgraden sein. Der längere Ausritt erstreckt sich über mehrere Stunden, einen Tag oder mehrere Tage. Vorbereitung und sinnvolles Training für Reiter und Pferd sind hier besonders wichtig. Zuerst einmal sollte man mit seinem Pferd acht bis zwölf Wochen lang wenigstens dreimal in der Woche bis zu drei Stunden im Schritt, Trab und Galopp ins Gelände reiten und dabei die Leistung allmählich steigern. Schließlich wird die Dauer des Ritts zuerst auf einen halben, dann einen ganzen Tag ausgedehnt. Je nach Wetter und Geländebeschaffenheit wird bei einem Tagesritt eine Strecke von 25 bis 40 km zurückgelegt – das Höchstmaß von 50 km sollte nicht überschritten werden.
Ist die Strecke nicht mindestens einem Reiter in der Gruppe gut bekannt, so ist es ratsam, sie vorher abzufahren, die Bodenverhältnisse zu erkunden und geeignete Rastplätze auszusuchen. Besonders wichtig ist es, Reiter und Pferde nicht zu überfordern, die Pferde möglichst nicht naß zu reiten und immer wieder ausgedehnte Schrittpausen (zwangloses „Bummeln", s. o.) einzulegen.
Etwa alle drei Stunden müssen Rasten eingeplant sein. Der Rastplatz wird nach folgenden Gesichtspunkten ausgesucht:

- Es dürfen keine gefahrenträchtige Gegenstände in der Nähe sein (vgl. „Anbinden").

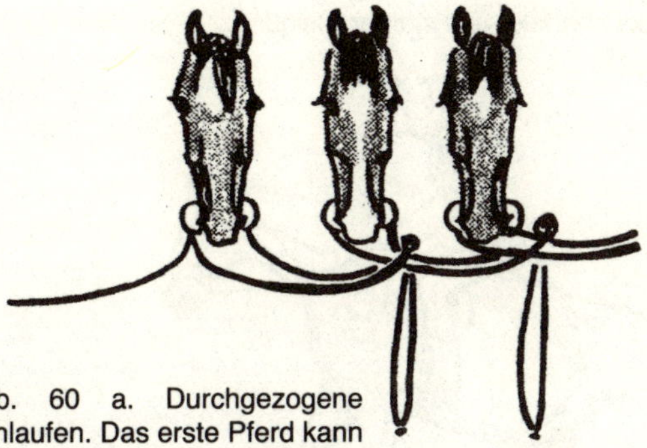

Abb. 60 a. Durchgezogene Schlaufen. Das erste Pferd kann mit einem ausgeschnallten Bügelriemen oder einem Ausbinder gehalten werden.

Abb. 60 b. Knoten und Schlaufe.

- Er muß wind- und bei Hitze sonnengeschützt sein.
- Er sollte nach Möglichkeit frei von Mücken und Bremsen sein.

Beim Anbinden der Pferde sind die oben beschriebenen Vorsichtsmaßregeln genau einzuhalten – also z. B.: Nie an den Zügeln oder am Trensenring anbinden! Ist kein Stallhalfter mit Strick zur Hand, muß das Pferd gehalten werden. In der Gruppe verbindet man die Pferde durch sogenannte „Schlaufen" und läßt sie von zwei Reitern halten (Abb. 60). Während der Rast überprüft man Beschlag, Sattel- und Gurtenlage sowie die Beine. Ist sauberes Wasser in der Nähe, wird die Sattellage gereinigt. Beim Grasenlassen ist unbedingt auf die Sicherheitsabstände zu achten!

Ritte von mehreren Tagen können hier nicht im Detail beschrieben werden. Hier kommen vor allem die genaue Vorplanung jeder einzelnen Tagesstrecke, die Vorbereitung der Nachtquartiere und der Gepäcktransport hinzu.

Der Ausritt für höhere Ansprüche kann auch ein Ausritt mit höheren Schwierigkeitsgraden sein. Dazu gehören: längeres Galoppieren im Jagdgalopp, Klettern, Springen und Reiten durchs Wasser.

- *Klettern*:

Das Hinauf- und Hinabreiten von Hängen bedarf einiger Geschicklichkeit

Abb. 61. Bergaufreiten bei normaler und starker Steigung.

Abb. 62. Bergabreiten bei normalem und starkem Gefälle.

und Erfahrung. Anfangs sollte es an kleineren, nicht zu steilen Hängen im Schritt geübt werden. Ein Hang wird immer senkrecht hinauf- und hinabgeritten, damit das Pferd nicht seitlich abrutschen kann.
Beim Bergaufreiten neigt der Reiter, der Steilheit des Hangs entsprechend, seinen Oberkörper nach vorn, entlastet so den Pferderücken und darf dabei nicht hinter die Bewegung kommen. Die Bügel werden nach vorn durchgetreten, der Knieschluß ist fest, und die Hände gehen Richtung Pferdemaul vor, um dem Pferd völlige Halsfreiheit zu gewährleisten. Bei sehr steilen Hängen umfaßt der Reiter mit beiden Händen den Pferdehals (Abb. 61).
Beim Bergabreiten lehnt der Reiter den Oberkörper nicht etwa zurück, sondern hält ihn senkrecht oder leicht nach vorn geneigt. Beide Hände stützen sich am Halsansatz des Pferdes ab. Die Unterschenkel dürfen nicht nach vorn rutschen, weil sonst die Hinterbeine seitlich ausweichen könnten und das Pferd ins Rutschen käme (Abb. 62).

- *Reiten über am Boden liegende Baumstämme:*

Das Reiten über am Boden liegende Baumstämme ist eine gute Vorbereitung für das Springen im Gelände und kann bei Reitern mit einiger Spring- und Geländeerfahrung auch in einen normalen Kurzausritt eingebaut werden.
Über dünne Baumstämme reitet man im Schritt oder im Trab (Abb. 63). Wichtig ist, daß die Hände des Reiters das Pferd nicht stören: Sie liegen unterhalb des Mähnenkamms am Pferdehals und geben in Richtung Pferdemaul nach, um dem Pferd die notwendige Dehnungshaltung zu ermöglichen. Der Oberkörper wird aus der Hüfte heraus nach vorn geneigt, die Bügel sind vermehrt nach vorn durchgetreten.

- *Springen*:

Voraussetzung für das Springen im Gelände ist, daß der Reiter vorher beim Springen in der Halle und auf dem offenen Platz ausreichend Erfahrung und Sicherheit erworben hat.
Bei der Auswahl von Hindernissen im Gelände ist erhöhte Vorsicht geboten. Ab- und Aufsprungstellen dürfen weder uneben noch rutschig oder steinig und müssen für Reiter und Pferd deutlich einsehbar sein. Auf keinen Fall darf daher über verwachsene Gräben gesprungen werden! Das Hindernis selbst muß als solches deutlich erkennbar sein und darf eher etwas klobig und respekteinflößend als allzu „harmlos“ auf das Pferd wirken. Das Springen von einzelnen Stangen oder Latten kann zu

Abb. 63. Reiten über schmale Baumstämme im Schritt (oben) und im Trab (unten).

Abb. 64. Eine einzelne dünne, aber feste Stange, die vom Pferd nicht ernstgenommen wird und schlecht zu taxieren ist, führt leicht zum Sturz.

bösen Stürzen führen, wenn das Pferd sie nicht ernst nimmt, diese aber nicht, wie in der Reitbahn, herunterfallen (Abb. 64). Sträflicher Leichtsinn, weil lebensgefährlich, ist es, über Stacheldraht- oder Elektrozäune zu springen!

Mit dem Springen im Gelände beginnt man über kleinere Hindernisse aus dem Trab oder ruhigen Galopp. Sitz und Einwirkungen des Reiters entsprechen denen beim Reiten über Baumstämme (s. o.); der Oberkörper neigt sich etwas weiter vor. Ein verstärktes Durchtreten der Bügel verhindert, daß die Unterschenkel zurückrutschen. Bleibt ein Pferd vor dem Hindernis stehen, so hat der Reiter den Sprung unverzüglich freizumachen, damit er die anderen nicht behindert. Er reitet dann mit energisch vortreibenden Hilfen und ausreichendem Anlauf das Hindernis von neuem gerade an, wobei er sich möglichst einem anderen, sicher springenden Pferd anschließt.

Das Springen von größeren Hindernissen, von Sprüngen gegen den Hang und Tiefsprüngen sollten sich nur sehr erfahrene Reiter auf sicheren Jagdpferden (s. u.) zutrauen. Besonders bei Tiefsprüngen erhöht sich die Sturzgefahr, da das Pferd mit den Vorderbeinen steiler landet als auf der Ebene und diese deshalb stärker belastet werden. Dasselbe gilt auch bei Wassereinsprüngen, wo das Pferd durch die

Abb. 65. Sprung gegen den Hang.

Abb. 66. Einsprung ins Wasser.

Abb. 67. Tiefsprung.

plötzliche Bremswirkung des Wassers leicht kopfüber gehen kann (Abb. 65–67).

Es soll gar nicht verschwiegen werden, daß das Springen im Gelände gefährlich werden kann. Außer einem wirklich sicheren Pferd sind viel reiterliches Können, Erfahrung und realistische Selbsteinschätzung notwendig, um hier Unfälle zu vermeiden.

Auch der vielzitierten Rücksicht anderen gegenüber kommt dabei eine verschärfte Bedeutung zu. Sollte sich jemand in einer Gruppe befinden, der nicht über genügend Springerfahrung verfügt oder Angst vor einem Sprung äußert, so haben auch die anderen das Springen zu unterlassen. Der Ratschlag „Dann reitest du eben Schritt oder hältst an!" ist vielleicht gut gemeint, könnte jedoch seine Wirkung verfehlen! Das Springen, vor allem im Gelände, steckt andere Pferde unwiderstehlich an – ein Pferd aber, das dann gegen den Willen seines Reiters den anderen über ein

Hindernis nachjagt, bringt diesen ernsthaft in Gefahr. Um nachfolgende Pferde nicht zum Übermut zu verleiten, sollte zudem jeder einzelne darauf bedacht sein, sein Pferd sofort nach dem Sprung wieder sicher unter Kontrolle zu haben und im Trab oder ruhigen Galopp weiterzureiten.

- *Reiten durchs Wasser:*

Der Reiter, der durch einen Bach, Fluß oder See reitet, muß vorher genau wissen, wie tief und bewegt das Wasser und ob der Boden einwandfrei ist! Viele Pferde sind wasserscheu. Man erleichtert ihnen die neue Aufgabe, indem man ein seichtes Gewässer aussucht, das nicht über die Sprunggelenke reicht und ein möglichst flaches Ufer hat. Neulinge reitet man am besten hinter einem anderen Pferd ins ungewohnte Naß, bis das Pferd durch Planschen und Saufen zeigt, daß es sich darin wohl fühlt. Aber Vorsicht: Pferde, die planschen, legen sich oft auch gern ins Wasser! Dabei hat schon mancher Reiter ein unfreiwilliges Bad genommen.

Mit Gewalt darf der erste Schritt ins Wasser nie erzwungen werden. Pferde, die in ihrer Angst rückwärtsrennen oder steigen, sind unberechenbar. Hilfe durch Führpferde, Geduld und Ausdauer sind hier wie fast immer wirksamer und sicherer.

Jagdreiten

Für viele Reiter gehört das Jagdreiten zum reizvollsten, was ihnen ihr Sport zu bieten hat.

Jagden hinter lebendem Wild sind (die Beizjagd ausgenommen) in Deutschland verboten. In England und Irland z. B. sind sie gang und gäbe und muten geradezu halsbrecherisch an, wenn man sie an den vergleichsweise harmlosen deutschen Jagden mißt.

Hierzulande werden Jagden hinter markiertem Wild geritten. Für die Sicherheit des Reiters hat das einen großen Vorteil: Eine besonders geeignete Strecke wird vorher ausgesucht und geplant, die Hindernisse werden sorgfältig ausgewählt bzw. gebaut. In dieser Hinsicht bleibt also nichts dem Zufall überlassen.

Schleppjagden, d. h. Jagden hinter der Meute, haben zwar einen besonderen Reiz, sind aber recht exklusiv, weil die Hunde sehr teuer sind.

Am häufigsten werden Jagden ohne Meute (Fuchsschwanz- und Schnitzeljagden) geritten. Länge und Schwierigkeitsgrad der Strecke sind unterschiedlich. Die Strecke kann zwischen 8 und 18 km lang sein und 10 bis 35 Hindernisse (Höhe bis 1,10 m, Grabenweite bis 2,50 m) enthalten. Im Vergleich zum üblichen Ausreiten kommen folgende Anforderungen und Schwierigkeiten hinzu:

- langes Galoppieren im erhöhten Tempo des Jagdgalopps (ca. 6 km) und im Jagdfeld
- Überwinden fester Hindernisse im Jagdgalopp, wobei auch nebeneinander gesprungen wird
- mögliche Aufregung auch bei sonst ruhigen Pferden, die durch Jagdsignale und Zuschauer irritiert werden

Gewiß ist aufgrund der festen Hindernisse und des erhöhten Tempos im Jagdfeld die Sturzgefahr größer als bei normalen Ausritten. Allerdings läßt sich das Risiko durch angemessene Voraussetzungen und intensive Vorbereitung weitgehend ausschalten. Übervorsichtige oder sehr ängstliche Reiter, die sich eine Jagd noch nicht so recht zutrauen, sollten aber lieber noch ein bis zwei Jahre warten, um ihr Können und Selbstvertrauen weiter zu festigen. Zögern und Unsicherheit würden sich mit großer Wahrscheinlichkeit auf das Pferd übertragen und den Reiter unnötig gefährden. Auch wer aus beruflichen oder anderen Gründen das Gefühl hat, es dürfe ihm auf keinen Fall etwas passieren, ist von vorneherein unsicher und damit gefährdet.

Für Reiter, die sich eine „echte“ Jagd noch nicht ganz zutrauen, gibt es heute häufig die Möglichkeit, in einem zweiten Jagdfeld mitzureiten, von dem keine Hindernisse gesprungen werden. Auf diese Weise kann man mit vermindertem Risiko den Verlauf und die Atmosphäre einer Reitjagd miterleben.

Welche Voraussetzungen muß nun der Reiter für eine Jagd mitbringen?

- nach abgeschlossener Grundausbildung genügend Erfahrung und Sicherheit im Geländereiten (s. o.)
- ausreichende Übung im Jagdgalopp in der Gruppe und auf längeren Strecken (6 km)
- die Fähigkeit, in der Gruppe feste Hindernisse im Jagdgalopp zu springen
- Erfahrung im Klettern, Reiten durchs Wasser, Springen von Gräben und eventuell von Hang- und Tiefsprüngen

- gute Kondition und Konstitution
- dringend zu empfehlen: „Reiterpaß"-Prüfung

Auch das Jagdpferd hat bestimmte Voraussetzungen zu erfüllen.
Es muß:

- mindestens fünfjährig sein und eine abgeschlossene Grundausbildung (etwa Kl. A in Dressur und Springen) hinter sich haben
- körperlich und nervlich gesund sein
- eher etwas temperamentlos als allzu „gehlustig" sein (Pferde, die sich in der Bahn gern verhalten, sind oft die angenehmsten Jagdpferde!)
- im Gelände ausreichend trainiert sein, also die verlangten Sprünge, auch selber taxierend, bewältigen und 6 km im Jagdtempo galoppieren können, ohne sich völlig zu verausgaben
- nicht zu fett, aber in gutem Futterzustand sein

Eine langfristige, sinnvolle Vorbereitung auf die Jagd ist für Reiter und Pferd gleich wichtig.

Für den größten Teil der Reiter, nämlich diejenigen, die regelmäßig ein- bis zweimal in der Woche auf Schulpferden Reitunterricht nehmen, wird eine Reitjagd der Höhepunkt jahrelangen Bemühens und Lernens sein. Sie dürfen berechtigten Stolz empfinden, wenn sie zum ersten Mal eine einfache Jagd auf einem zuverlässigen Pferd überstanden haben, ohne dabei sich oder andere in Schwierigkeiten zu bringen.

Natürlich muß man vorher das oben erwähnte Geländetraining absolviert haben. Oft gibt es entsprechend zusammengestellte Gruppen, mit denen der Reitlehrer für bevorstehende Jagden spezielle Übungen im Gelände durchführt. Vielleicht sind auch ein paar Einzelstunden notwendig, die dem weniger erfahrenen Reiter genügend Sicherheit im Jagdgalopp, beim Überwinden fester Hindernisse, beim Klettern, bei Hangauf- und absprüngen, beim Springen von Gräben und Durchreiten kleinerer Seen geben.

Wer nicht regelmäßig mindestens zweimal in der Woche reitet, muß zur Vorbereitung einer Jagd unbedingt mehrere Extrastunden einberechnen.

Auch für die theoretische Vorbereitung muß man sich die erforderliche Zeit nehmen; in vielen Reitschulen ist sie für Jagdneulinge obligatorisch. Darüber hinaus sollte es sich niemand entgehen lassen, vorher bei einer Jagd zuzuschauen, um sich eine genaue Vorstellung von ihrem Ablauf und den Anforderungen zu bilden. Wer schon erfahrener ist, bereits mehrere Jagden mitgeritten hat und sein Pferd nach abgeschlossener Grundausbildung auf das Jagdreiten vorbereiten möchte, sollte folgendes beachten:

- häufig ausreiten in Gesellschaft, in den 8–12 Wochen vor der Jagd drei- bis viermal in der Woche
- Strecke im Jagdgalopp ganz allmählich bis zu 6 km steigern
- lange, zwanglose Schrittpausen (Bummeln) einlegen, damit das Pferd Ruhe und Losgelassenheit bewahrt
- Springen auch bei der Vorbereitung auf die Jagd nie häufiger als an vier Tagen in der Woche
- an drei dieser vier Tage höchstens drei bis fünf Sprünge beim Lösen in der Bahn oder im Gelände einplanen
- das Pferd mit langem Hals selbst taxieren, den Absprung finden lassen (Vorübung: Freispringen mit Absprungerleichterung)
- Faustregel für das Konditionstraining: 7 Minuten Kanter (300 m/Min.), 7 Minuten Schrittpause, 7 Minuten Kanter im selben Tempo (Achtung: 5 Minuten nach dem Galopp muß sich die Atmung wieder normalisiert haben!)
- während der Zeit des Trainings das Pferd genau beobachten: Nervosität, Freßunlust, geschwollene Beine oder schlechtes Aussehen sind Alarmzeichen dafür, daß die Anforderungen zu groß waren und sofort heruntergeschraubt werden müssen!

Ein bis zwei Tage vor der Jagd werden Hufbeschlag, Sattel- und Zaumzeug noch einmal gründlich überprüft. Der Vortag der Jagd darf auf keinen Fall ein Stehtag sein: Steifheiten und Stallübermut wären die Folge und könnten dem Reiter erheblich zu schaffen machen. Deshalb ist auch das richtige Lösen vor der Jagd sehr wichtig. Hierfür bietet oft der Anmarschweg zum Stelldichein eine gute Gelegenheit. Entfällt dieser, so muß eine andere Möglichkeit gefunden werden – am besten eine Halle oder ein offener Platz, wo man sein Pferd z. B. im Leichttraben und durch Trab-/Galoppübergänge lösen kann. Jeder Reiter muß jedoch selbst wissen, auf welche Weise und mit welchen Lektionen er sein Pferd am besten zur Losgelassenheit bringt. Nur zehn Minuten Schritt vor dem „Aufgalopp" sind in der Regel nicht ausreichend. Auf gar keinen Fall sollte das Pferd, frisch aus dem Stall kommend, gleich auf das erste Hindernis zu galoppiert werden! Über Heftigkeit und unberechenbares Verhalten darf sich dann niemand wundern.

Wenn die notwendigen Voraussetzungen gegeben und die Vorbereitungen gewissenhaft durchgeführt worden sind, kann nun eigentlich nach menschlichem Ermessen nichts mehr schiefgehen, so daß die Freude am Jagderlebnis ungetrübt bleibt.
Zum Verhalten während der Jagd noch einige Tips:
Wenn man bei einem unvorhergesehen frühen Absprung des Pferdes nicht in der Bewegung mitkommt, ist es wichtig, die Fäuste so weit zu öffnen, daß sich das Pferd genügend strecken und mit dem Hals ausbalancieren kann. Reiter, die hierbei noch unsicher sind, sollten sich nicht genieren, mit einem Halsriemen (auch der Halsriemen vom Martingal tut's) zu reiten. In diesen kann der Reiter in schwierigen Situationen hineinfassen, um nicht hinter der Bewegung zu bleiben, das Pferd mit der Hand zu stören und dadurch einen Sturz zu riskieren (Abb. 68).
Die Zügelhaltung der Rennreiter – die sogenannte Brücke – leistet dabei

Abb. 68. Gerät der Reiter über einem Sprung hinter die Bewegung – Fäuste aufmachen und eventuell in den Halsriemen fassen, damit sich das Pferd strecken kann und nicht durch die Hand gestört wird.

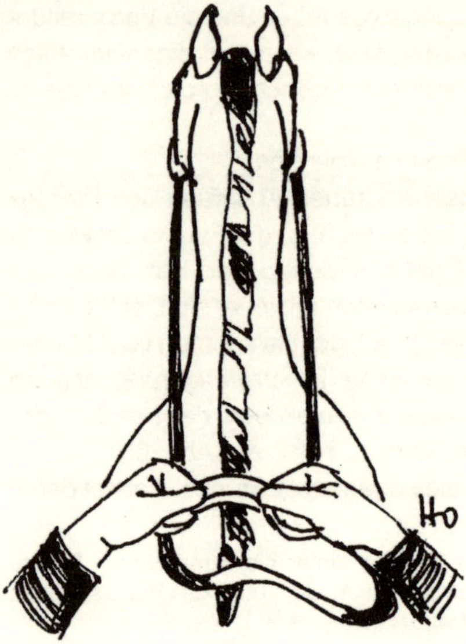

Abb. 69. Zügelbrücke.

ebenfalls gute Dienste; sie spart außerdem Kraft und gewährleistet eine ruhige, gleichmäßige Verbindung zum Pferdemaul beim Galoppieren (Abb. 69).

Auch bei guter Vorbereitung kann es übrigens einmal passieren, daß ein Pferd vor einem Hindernis stehenbleibt. Wenn es gar nicht „gepaßt" hat, ist dies nur ein Zeichen von Erfahrung und Vorsicht und für den Reiter bestimmt besser als das blinde Hineinspringen in ein festes Jagdhindernis! Machen Sie in diesem Fall den Sprung so schnell wie möglich frei, schließen Sie sich dann einem anderen Reiter an und reiten Sie mit gebotenem Sicherheitsabstand und energisch vortreibenden Hilfen noch einmal geradeaus auf das Hindernis zu (siehe auch S. 98 f.).

Sollte ein Reiter zu Fall kommen, so muß derjenige, der dies zuerst bemerkt, durchparieren und dem Gestürzten zu helfen versuchen. Ein gestürzter Reiter, der z. B. von einem Hindernis verdeckt wird, sollte nach Möglichkeit unverzüglich auf sich aufmerksam machen, damit nachfolgende Reiter rechtzeitig abwenden oder durchparieren können. Im übrigen gilt bei einem Sturz das, was im Zusammenhang mit dem normalen Ausreiten beschrieben wurde (s. S. 84 ff.).

Beim Fuchsschwanzgreifen am Ende der Jagd wird noch einmal in hohem Tempo und mit oft scharfen, plötzlichen Wendungen galoppiert (Abb. 70). Wer das Gefühl hat, sich oder seinem Pferd diese Anforderungen nicht mehr zumuten zu können, tut das Beste und auch für alle Beteiligten Sicherste, wenn er sich nicht am Fuchsschwanzgreifen beteiligt, sondern in ruhigem Tempo abseits bleibt. Schließlich bekommt

Abb. 70. Fuchsschwanzgreifen.

ohnehin nur einer den Fuchsschwanz, und die Teilnahme an einer Jagd ist – ob mit oder ohne „Siegestrophäe" – ein unvergeßliches Erlebnis.

Schlußbemerkung

Reiten ohne Risiko – ein zu hoch gestecktes Ziel? Wohl kaum, wenn die Grundvoraussetzungen stimmen, alle Sicherheitsvorkehrungen beachtet werden und der Reiter seinen Sport ernsthaft „von der Pike auf" zu erlernen bereit ist. Das mag mehr Ausdauer, Einsatz und auch finanziellen Aufwand erfordern als in vielen anderen Sportarten. Die Hauptsache ist, man weiß, daß es sich lohnt. Auf die schnelle und forsche Art wird das Reiten nicht erlernt, das Risiko aber geradezu herausgefordert. Wer sicher reitet und mit Pferden umgeht, kann auch unbeschwert und fröhlich reiten, weil er weiß, daß Kraftproben und Verbissenheit nur hinderlich und gefährlich sind.
Unter dem Motto „Sicherheit vor Risiko" befaßt sich dieses Buch mit der

Abb. 71. Wer sicher reitet, kann auch unbeschwert und fröhlich reiten.

Ausbildung des Reiters vom Anfänger bis zum Jagdreiter. Damit sollten auch die Grundlagen für Spezialisierungsformen wie Dressur, Springen und die verschiedenen Arten des Leistungssports gelegt sein. Wer z. B. Turniere reitet, hat – hoffentlich! – keine besonderen Hinweise mehr nötig, wie er nicht nur erfolgreich, sondern vor allem verantwortungsbewußt und sicher reiten muß. Für die Teilnahme an Turnieren ist – abgesehen von Turnieren der Kategorie C – ohnehin der Reiterausweis Voraussetzung, für diesen wiederum der Erwerb des Bronzenen Reiterabzeichens für Erwachsene. Damit ist eine gewisse Garantie gegeben, daß sich kein unerfahrener oder unwissender Reiter auf einem Turnierplatz tummelt.

Gewiß ist das Risiko im Hochleistungssport – beim Reiten wie überall – nicht ganz zu vermeiden. Der normale Reiter aber sollte in diesem Sport Ausgleich, Erholung, Erfüllung und Freude finden – ohne dabei gleich „Kopf und Kragen“ zu riskieren. Daß dies nicht nur wünschenswert, sondern möglich ist, wollte dieses Buch zeigen.

Sachregister